A Regeneração do Solo

Aos que cuidam do solo e zelam pela sua evolução

Obras do Dr. José Maria Campos (Clemente):

PLANTAS QUE AJUDAM O HOMEM
Guia prático para a época atual (em co-autoria)

o

GUIA PRÁTICO DE TERAPÊUTICA EXTERNA
Métodos e procedimentos terapêuticos de grande simplicidade e eficácia

o

O ETERNO PLANTIO
Um reencontro da Medicina com a Natureza

o

CURAS PELA QUÍMICA OCULTA
Realidades suprafísicas na Medicina

o

JORNADAS PELO MUNDO DA CURA

o

RECEITUÁRIO DE MEDICAMENTOS SUTIS
Elaboração e prescrição

o

A MEDICINA RESGATADA
Uma introdução à Praxis Vertebralis (em co-autoria)

o

O PODER DE CURA NO SER HUMANO

o

OS SETE REMÉDIOS SOLARES
A ação curativa das flores e dos metais

o

TERAPÊUTICAS PARA A REGENERAÇÃO CELULAR

o

A REGENERAÇÃO DO SOLO

Dr. José Maria Campos
(Clemente)

A Regeneração do Solo

Aos que cuidam do solo e zelam pela sua evolução

Editora Pensamento
São Paulo

Foto da capa: Ana Regina Nogueira

Ilustrações internas: Teresa Schlosser

Os recursos gerados pelos direitos autorais do Dr. José Maria Campos (Clemente) são revertidos em trabalhos de pesquisa sem fins lucrativos e que não se vinculam a instituições, organizações, seitas nem entidades de nenhum tipo.

Nenhum dos produtos aqui citados é industrializado nem comercializado pelo autor. As técnicas para a regeneração do solo foram criadas e estão sendo difundidas tão-somente como contribuição à ciência e à elevação da vida.

Edição	Ano
1-2-3-4-5-6-7-8-9	04-05-06-07-08-09

EDITORA PENSAMENTO-CULTRIX LTDA.

Rua Dr. Mário Vicente, 368 — CEP 04270-000 — São Paulo, SP — Brasil

Fone: 6166-9000 — Fax: 6166-9008

E-MAIL: pensamento@cultrix.com.br — http://www.pensamento-cultrix.com.br

Impresso em nossas oficinas gráficas.

Dirige o espírito ao desconhecido.
Tal aspiração produz novas
formas de pensamento.

Helena Roerich, em
CRIANÇAS — EDUCAÇÃO E ÉTICA VIVA

Sumário

Introdução 9

PRIMEIRA PARTE 13

1. A evolução cósmica da Terra 15

2. Composição básica do UR-CALDO 19

    2.1 Componentes minerais 19
    2.2 Componentes vegetais 31
    2.3 Componentes animais: mediadores entre os reinos da Natureza 38

SEGUNDA PARTE 41

3. UR-CALDO e GEO-REGENERADOR 43

    3.1 Elaboração do UR-CALDO MATRIZ 43
    3.2 Elaboração do UR-CALDO 0,1% 49
    3.3 Elaboração do GEO-REGENERADOR S0 52
    3.4 Elaboração do GEO-REGENERADOR S1, do S2 e do S3 56
    3.5 Elaboração do GEO-REGENERADOR S4 60

4. Pulverização com o GEO-REGENERADOR 63

5. Nossa interação com os reinos da Natureza e com os reinos paralelos 71

6. Correntes de vida nas plantas 75

Introdução

As técnicas modernas de plantio constituem muito mais um árduo trabalho contra o reino mineral, o vegetal e o animal do que uma interação inteligente do ser humano com eles. Na fase do preparo da terra para o cultivo, máquinas potentes rasgam-na, pulverizam-na e expõem sua estrutura delicada às mais diversas intempéries, favorecendo assim sua erosão. Doses excessivas e contínuas de adubos químicos acentuam essa agressão, desvitalizando o solo. Na fase dos plantios propriamente dita e de tratos culturais, trava-se uma luta intensa contra ervas daninhas, insetos e doenças, por meio de herbicidas e pesticidas tóxicos. Além disso, as condições climáticas decorrentes do desequilíbrio ecológico provocado pela nossa civilização são cada vez mais imprevisíveis e nem sempre favoráveis ao cultivo.

Para que a terra reencontre sua harmonia e possa suprir de maneira renovada as necessidades dos seres humanos e dos animais, urge que passemos a trabalhar criativamente a favor do solo, das plantas, do clima e de todo o ambiente. Esse trabalho já começou. Muitas experiências estão sendo realizadas hoje em várias partes do mundo para a regeneração do solo e para o estabelecimento de corretas relações com os reinos da Natureza.

Nessa linha, apresentamos a seguir um programa de regeneração do solo que concebemos quando nos instalamos em área rural no interior do Brasil. O solo ali se mostrava em franco declínio pelo cultivo extensivo de cafezais e pelas pastagens intensivas. Precisava de tratamento. Uma de nossas primeiras tentativas de recuperá-lo foi por intermédio de um preparado que pudesse reproduzir, em diminuta escala, o meio vital primordial em que as substâncias e as formas de vida estavam imersas no passado remoto da Terra. Tentativa ousada, mas nem por isso inviável. A esse preparado demos o nome de UR-CALDO[1]. Foi pulverizado para despertar aos poucos no solo a memória ancestral de seu estado original, memória que jaz no âmago da matéria.

Criou-se depois outro preparado, o GEO-REGENERADOR, a partir do solo que havia sido pulverizado com o UR-CALDO. Essas primeiras experiências tiveram resposta muito positiva e quase imediata. Isso nos estimulou a levar adiante as pesquisas.

Nosso objetivo, com a apresentação deste programa de regeneração do solo, é simplesmente o de ofertar alguns referenciais que, acreditamos, serão úteis para o surgimento de uma nova consciência.

A vida na Terra está passando por profundas transformações. A consciência de uma parte da humanidade alça-se a patamares mais puros, luminosos e evoluídos. Mas estamos

---

1 UR-CALDO. Caldo composto de elementos minerais, vegetais e animais, e que constitui a base do preparado que desenvolvemos para o nosso programa de regeneração do solo, o GEO-REGENERADOR. Será descrito em detalhes ao longo dos capítulos.

em fase de transição: elementos ultrapassados de ciclos anteriores permanecem, e os novos ainda não podem manifestar-se por inteiro.

Para que a nova consciência se instale, é preciso que os corpos humanos sejam submetidos a uma purificação preliminar profunda. Isso requer, entre outras coisas, alimentos que só poderão surgir de solo sadio.

Hoje as terras, na maior parte, encontram-se cansadas, desvitalizadas e depauperadas. Tal estado inibe sua capacidade de responder aos impulsos sutis e entorpece o potencial criador do reino vegetal. A reposição das substâncias materiais de que o solo está carente não resolve sua deficiência; pelo contrário, parece atrofiar cada vez mais suas capacidades.

O programa de regeneração com o UR-CALDO e com o GEO-REGENERADOR visa a despertar o potencial criador primordial do solo, a dinamizar a interação do plano dos arquétipos com o mundo das formas e a abrir novos campos de colaboração do reino dévico[2] e do reino elemental[3] com o ser humano. Não nos esqueçamos, contudo, de que o programa começa com a pureza da nossa atitude. Foi a atuação pre-

---

[2] Reino dévico. Reino que evolui paralelamente ao reino humano e que tem como tarefa principal a transformação da energia dos diversos planos de consciência. Constrói e destrói formas, imagens e estruturas. Os seres que pertencem a esse reino não dispõem de corpo físico denso e têm o nível etérico como meio de contato com a vida concreta.

[3] Reino elemental. Reino que trabalha em estreita colaboração com o reino dévico e que, sob certos aspectos, intermedeia o seu relacionamento com toda a vida planetária.

datória do ser humano que levou o solo a perder a vitalidade original, que degradou o ambiente e contaminou mananciais. Deixar de lado a intenção egoísta de abusar dos frutos da terra é o primeiro passo para o acesso a novos potenciais, a novos recursos e a leis mais amplas da Supranatureza, inteligência maior regedora da Natureza.

Para efeito didático, o livro está dividido em duas partes. Na primeira, tratamos do conhecimento espiritual que fundamentou a preparação do UR-CALDO e do GEO-REGENERADOR. Na segunda, damos instruções para a produção desses preparados.

O autor

Primeira Parte

A complexidade do mundo
da manifestação não deve intimidar,
mas sim despertar em cada um
reverência pelo desconhecido.

1

A evolução cósmica da Terra

Já não é possível tratar da regeneração do solo e da busca de novas bases para o trabalho com o reino vegetal sem situar essa atividade em um contexto amplo, planetário. Vivemos em um planeta singular e belo, cujo potencial criador e sustentador dividimos com outros reinos da Natureza. Nossa trajetória evolutiva está intimamente ligada à desse planeta, e ele, por sua vez, faz parte de um sistema solar organizado hierarquicamente e em contínuo desenvolvimento.

O Sol não é apenas o centro gravitacional, mas também a sede da consciência regente e impulsionadora da evolução de todo o sistema. Os planetas que giram em torno dele não são apenas corpos celestes com características astrofísicas e eletromagnéticas próprias, mas também núcleos de consciência com qualidades e energias superiores que influenciam a vida terrestre. E a ciência espiritual revela-nos que este sistema solar, incluída a Terra, passou por quatro grandes ciclos evolutivos.

No primeiro ciclo, o sistema solar apresentava-se indiferenciado. Sol e planetas eram como uma imensa esfera cósmica de calor organizado. Foi quando surgiram os primeiros acordes da vida da Terra. Aqui se encontra a origem do corpo físico em seu molde sutil, corpo que o ser humano tem em comum com o reino mineral. O grau máximo de condensação da matéria terrestre nessa etapa era o do fogo-calor, um calor espiritual ainda não propriamente físico. Podemos, hoje, experienciar algo desse estado quando temos o coração e a mente incendiados, arrebatados pelo fogo ardente de uma idéia superior ou de um pensamento evolutivo. Concluído o primeiro ciclo, veio um período de "repouso", em que a vida passou para outro plano de existência.

Após esse intervalo, começou o segundo ciclo: a vida ressurgiu no espaço, trazendo os acordes da primeira etapa. Mas essa manifestação cósmica tornou-se um pouco mais densa: o calor se concentrou, surgiram a luz e o ar. Não o ar com as características físicas que conhecemos, mas com suas qualidades sutis. Nasceu o corpo etérico no ser humano, corpo que ele tem em comum com o reino vegetal, constituído por correntes de forças e de energias luminosas criadoras.

Depois de novo período de repouso, esse primórdio do nosso sistema solar entrou em seu terceiro ciclo de manifestação. O ar se condensou, surgiram o elemento líquido e a expressão do som. Esse elemento líquido tampouco deve ser compreendido como algo físico, mas como qualidades sutis. Todas as formas de vida em evolução na Terra nessa etapa receberam impulsos para diferenciar e amadurecer. O ser humano acolheu seu corpo astral-emocional, que lhe outorgou grau mais elevado de consciência e lhe permitiu intensificar o relacionamento com o mundo externo por meio de sentimentos, de emoções e de reações. Esse corpo ele compartilha com o reino animal.

Mais um período de repouso. Uma vez terminado, veio o quarto ciclo de manifestação, em que ainda nos encontramos. É nos primórdios desse quarto ciclo, tempos imemoriais, que o sistema solar se diferenciou definitivamente em Sol e planetas[4]. Ao ressurgir nesse ciclo, a Terra reviveu de modo sintético os três anteriores. Só então a matéria terrestre foi entrando no estado atual de solidez, passando pouco a pouco por sucessivas e longas etapas de densificação. Nasceu a mente humana, que tem a possibilidade de servir de ponte entre os planos superiores de consciência e os inferiores. Com ela o reino humano pode realizar uma de suas principais tarefas no planeta: receber do alto as emanações da vida cósmica e canalizá-las para os planos da existência material.

Esse quadro sinóptico da história grandiosa e bela da evolução cósmica da Terra transmitida pela ciência espiritual[5] é necessário para compreendermos a elaboração do UR-CALDO e do GEO-REGENERADOR.

---

[4] Diferenciaram-se o Sol, Mercúrio, Vênus, Lua, Terra, Marte, Júpiter e Saturno. Os planetas Urano, Netuno e Plutão não fazem parte dessa diferenciação, pois foram atraídos apenas posteriormente para o âmbito do nosso sistema solar.

[5] As informações contidas neste livro sobre a evolução oculta da Terra, do ponto de vista da ciência espiritual, baseiam-se no livro A CIÊNCIA OCULTA, de R. Steiner, Editora Antroposófica, e em outros escritos do mesmo autor.

2

Composição básica do UR-CALDO

Antes de mais nada, é fundamental termos em mente que, ao falar de minerais, plantas ou substâncias de origem animal, componentes do UR-CALDO, referimo-nos também a algo que vai além das formas físicas com que se apresentam para nós hoje. Cada um desses elementos traz em sua essência atributos que os ligam a uma vida maior, imaterial e eterna.

Na elaboração do UR-CALDO entraram componentes dos três reinos da Natureza: mineral, vegetal e animal.

2.1 Componentes minerais

Neste capítulo vamos descrever três impulsos minerais que participam da criação e da constituição material da Terra e seu papel em nosso programa de regeneração do solo. Descreveremos também os elementos minerais que colaboram diretamente para acolher a vida que ancorou no seio da matéria.

○ Impulsos criadores da matéria

Os sete principais metais conhecidos — prata, mercúrio,

cobre, ouro, ferro, estanho e chumbo — não são apenas elementos minerais com características físico-químicas específicas. São também impulsos que têm papel central na grande obra de criação dos mundos materiais. São expressão e materialização de energias cósmicas — os sete Raios[6] —, também veiculadas por sete astros do nosso sistema solar. Podemos reconhecer, portanto, uma correspondência entre planetas e metais.

A órbita aparente de cada planeta delimita esferas de energias e influências que se interpenetram. Essas esferas planetárias possuem qualidades próprias, albergam vidas, seres e consciências elevadas, abarcam impulsos e forças criadoras. Cada uma das esferas é permeada por uma sutil substância metálica, altamente diluída e dinamizada, quase imaterial. Os metais físicos, esparsos por todo o corpo terrestre, são a etapa final de condensação desses impulsos planetário-metálicos invisíveis. Assim, o sistema de forças cósmicas presente na esfera energética da Lua dá origem à prata; o de Mercúrio, ao mercúrio; o de Vênus, ao cobre; o do Sol, ao ouro; o de Marte, ao ferro; o de Júpiter, ao estanho; o de Saturno, ao chumbo.[7] O mundo visível das formas é, pois, apenas uma manifestação fragmentada de um espaço cósmico permeado de energias, forças e substâncias em seu estado sutil.

---

[6] Raios. Energias fundamentais criadoras do cosmos. Com suas qualidades definidas, formam e compõem tudo o que existe. Os sete primeiros Raios foram revelados no ensinamento espiritual do passado e relacionam-se diretamente com o mundo formal.

[7] O termo planeta é usado aqui em sua concepção de corpo celeste que canaliza determinados impulsos cósmicos para a Terra. Por isso, o Sol e a Lua foram incluídos nesse contexto das forças planetário-metálicas.

Ao permearem a atmosfera da Terra no passado longínquo, esses impulsos planetário-metálicos dinamizaram sua organização material e os processos vitais dos organismos, o que desencadeou transformações profundas. Organizou-se o corpo físico-etérico do ser humano, formaram-se o seu corpo emocional e o mental. Esses impulsos catalisaram também o clareamento da atmosfera terrestre, promovido pela precipitação mineral de silício durante os ciclos das plantas primordiais.

Os impulsos metálicos dos astros do sistema solar impregnam, a partir de seu estado intangível e cósmico, todos os campos de manifestação da vida em nosso planeta. Além disso, irradiam-se a partir dos metais condensados no próprio corpo material terrestre. Assim, toda a vida da Terra e todos os reinos da Natureza, o mineral, o vegetal, o animal e o humano, estão sob a influência desse duplo universo de forças: as correntes de forças metálicas cósmicas e as correntes de forças metálicas telúricas. Esses impulsos criadores regem as manifestações da vida em nosso planeta.

As relações entre metais, planetas e o ser humano eram conhecidas por grandes civilizações do passado e chegaram também a ser desveladas, em certo grau, a ocultistas e alquimistas. Apesar de a ciência materialista nem sempre admitir essas relações, elas têm sido redescobertas intuitivamente. Sempre que se busca o conhecimento dos impulsos internos que concorrem na formação da vida material, a contribuição dos sete metais é percebida.

○ Impulsos plasmadores da matéria

No início da fase evolutiva atual, a Terra, muito mais do que hoje, podia ser reconhecida como um verdadeiro organismo vivo. Todas as partículas, vidas e consciências respondiam dinamicamente aos impulsos cósmicos que determinavam a evolução. A matéria não era ainda sólida, mas encontrava-se em um estado de fluidez, de liquefação. No espaço, o planeta assemelhava-se a um grande ovo: tinha uma região central mais densa, rica em substâncias — como a gema — e de temperatura mais elevada. A região periférica era menos densa, mais fina, fluida — como a clara — e mais fria.

A atmosfera primordial ainda não era translúcida e leve como a de nossos dias. Era constituída por um elemento fluido viscoso, de características protéicas, rico em enxofre e permeado pelo silício. Para que se tenha idéia dessa atmosfera primordial, pode-se imaginar a atmosfera de hoje carregada de névoa densa como uma cerração, porém composta de uma substância protéica leitosa. Nessa atmosfera protéica todas as formas de vida se nutriam, cumpriam a etapa que lhes correspondia e evoluíam.

O reino mineral apresentava-se ainda em um estado de liquefação e permeava a atmosfera. Esse estado era semelhante ao dos metais submetidos a uma grande fonte de calor que os leva à fusão, mas muito mais fluido. O reino vegetal formava grandes massas verdes no interior dessa substância leitosa da atmosfera — parecidas com certas algas[8] gigantes que hoje

[8] As algas estão sendo mencionadas aqui apenas como referência comparativa, pois só surgiram após a formação dos primeiros oceanos e mares.

habitam alguns mares tropicais —, porém em metamorfose contínua, como a dinâmica mutação de formas que ocorre em nuvens cúmulos. O reino animal circundava, por assim dizer, essa atmosfera, com formas e espécies completamente diferentes das atuais, em diversas etapas de desenvolvimento. E o reino humano, também na periferia do planeta, cumpria longos ciclos de diferenciação de sua forma, preparando-se para entrar junto com a Terra nas etapas futuras de condensação.

O Sol, que antes formava um único corpo celeste com a Terra e a Lua, já se havia separado da Terra e irradiava luz, calor e impulsos criadores — propriedades que ele, como regente desse sistema solar, era encarregado de transmitir. Uma das faixas de luz tornava-se mais densa, quase material, ao aproximar-se da atmosfera da Terra. Permanecia em um estado dinâmico de tender para a condensação e, em seguida, sutilizar-se novamente. Era como se oscilasse entre a condição de substância e a de luz, entre o estado físico e o etérico. Essa luz especial vinha profusa em forma de raios e lâminas, densificava-se parcialmente na atmosfera e era assimilada pelo reino vegetal, que a condensava ainda mais. Transformou-se, após sucessivas etapas de densificação, no elemento silício. O silício material de hoje foi gerado, assim, a partir da pura luz solar coagulada.

Ao permear a atmosfera protéica da Terra, esse elemento silício em fase de manifestação criava estruturas cristalinas, luminosas, laminares, ocas, semelhantes aos favos de uma gigantesca colméia. No interior desses "favos" de silício-luz é que tiveram origem as "plantas primordiais". Essas estruturas vivas de silício funcionavam como antenas sutis do planeta:

captavam forças cósmicas criadoras e organizadoras da vida e as transmitiam às plantas primordiais. Essas plantas primevas eram gigantescas e nutriam-se da atmosfera protéica. Absorviam o silício-luz em sua matéria e condensavam-no na intimidade de seus processos vitais, levando-o do estado de pura luz a um estado coloidal.

As plantas primordiais passavam por fases sucessivas de criação, amadurecimento e fenecimento, como as plantas atuais o fazem através das estações do ano. Quando chegavam à fase de fenecimento — correspondente à estação do outono, em que grande número de plantas perde as folhas — começavam a desintegrar-se e a liberar o elemento silício sob forma de diminutos cristais. Estes caíam da atmosfera primordial, como uma espécie de chuva de silício, à semelhança de uma chuva de granizo. Esse elemento foi assim precipitando-se continuamente ao longo de incontáveis eras, da periferia para a parte central da Terra.

Seguiu-se o gradual resfriamento das capas mais externas do planeta. Isso permitiu a formação e estabilização da crosta e sua gradativa mineralização, sob a forma de imensas placas tectônicas, que se tornaram as bases dinâmicas para o desenvolvimento de continentes e de mares. Nas áreas de crosta mais estável puderam surgir paulatinamente diferentes formas de vida tanto nos oceanos quanto na terra.

As precipitações de silício eram diferenciadas de acordo com as partes das plantas de onde provinham. De certas partes dos órgãos florais femininos, ovários e estiletes, surgiu o feldspato; das folhas e pétalas surgiu a mica; das hastes em geral derivaram os anfibólios e os piroxênios; e do restante das estruturas das plantas primordiais originou-se o silício em seu estado elementar mais livre. Podemos então reconhecer três impulsos básicos que plasmaram nessa fase o reino mineral:

Impulso silício. Sua dinâmica de forças atua no sentido vertical. Representa, de certa forma, a função de antena no reino mineral, no corpo físico do planeta. Coliga o que vem dos planos da idéia criadora, dos arquétipos que regem o destino do reino, com os níveis mais concretos da manifestação material. É, pois, um impulso básico para a vida e para a evolução nas dimensões físicas. A simples contemplação de um puro cristal de rocha transmite-nos algo dessa tendência vertical, que nos relaciona diretamente com a luz.

Impulso mica[9]. Sua dinâmica de forças atua no sentido horizontal. Representa a função de irradiação. Distribui nos planos horizontais da vida aquilo que o impulso silício atraiu do alto. A disposição horizontal das lâminas que constituem um cristal de mica é o resultado final dessa disposição interna de suas forças. São espelhos em que a idéia criadora se projeta para irradiar-se.

Impulso feldspato[10]. Sua dinâmica de forças atua em

---

[9] Mica. Grupo de minerais compostos de silicatos de alumínio (Al) e de metais alcalinos. A eles podem associar-se o magnésio (Mg) e o ferro (Fe).

[10] Feldspato. Grupo de silicatos de alumínio (Al) e de um ou mais metais alcalinos ou alcalinoterrosos, mais comumente o potássio (K), o sódio (Na) e o cálcio (Ca). Apresenta cor clara e é componente das rochas vulcânicas.

forma de lemniscata[11]. Representa a função de coesão, integração e aglutinação. Amalgama o impulso vertical do silício ao impulso horizontal da mica, consolidando a rede energética que se cria. O tecido da matéria é constituído pelos fios verticais do silício (urdidura) com os fios horizontais da mica (trama) e se mantém coeso pelo impulso em lemniscata trazido pelo feldspato.

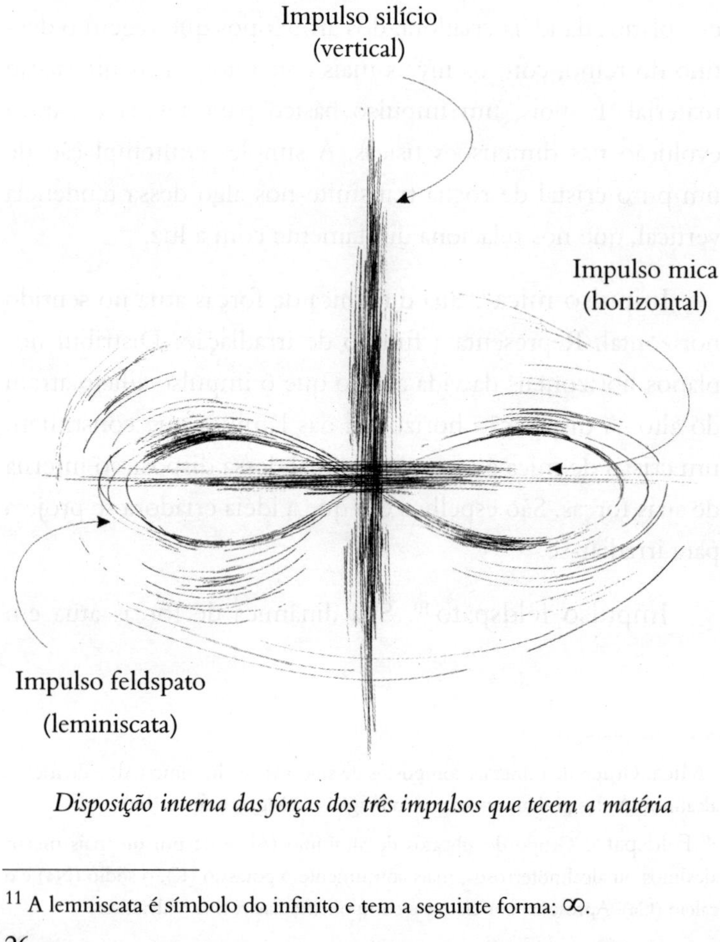

Disposição interna das forças dos três impulsos que tecem a matéria

---

[11] A lemniscata é símbolo do infinito e tem a seguinte forma: ∞.

Ao longo da lenta condensação pela qual a Terra foi passando, o silício, a mica e o feldspato se atraíram e se aglutinaram até chegar à fase final de mineralização. Foi quando surgiram as bases dos diferentes tipos de granito existentes hoje, constituintes básicos do esqueleto mineral do planeta[12]. O granito tem poderosa força de coesão interna, sustentação e estabilização. Foi a base sobre a qual se firmaram e com que se fizeram grandes construções no passado, tais como templos, muralhas, pirâmides, fortificações e monumentos. Desempenhou o papel de âncora, ao permitir à vida projetar-se nos planos concretos da existência e ali se estabilizar.

Esses três elementos — silício, mica e feldspato — são ingredientes essenciais do UR-CALDO.

○ Impulsos organizadores da matéria

Incontáveis ciclos de precipitação mineral, como os promovidos pelas plantas primordiais, ocorreram para que o reino mineral passasse de seu estado fluido viscoso a um estado intermediário, já mais denso. A atmosfera do planeta foi clareando e suas temperaturas extremas se amenizaram, o que possibilitou a lenta manifestação da vida dentro dos mares e, posteriormente, na superfície. No princípio, tudo era contínua mutação. As massas minerais que se consolidavam estavam sujeitas a poderosos movimentos telúricos, a incontroláveis processos eletromagnéticos e a uma incessante atividade transformadora vulcânica.

---

[12] O poeta e místico Goethe chamava o granito de "o mais antigo e nobre monumento do tempo", "o filho mais velho da Natureza".

Nesse novo ciclo de condensação da Terra podemos reconhecer três outros impulsos que começaram a organizar a matéria no interior tanto do planeta quanto de todas as formas de vida que foram surgindo. Os verdadeiros alquimistas do passado conheciam profundamente esses processos da Natureza e os designaram como processo sal, processo súlfur e processo mercúrio.

Processo sal. Impulso que conduz a matéria, as substâncias e os corpos a estados sucessivos de condensação, mineralização, endurecimento, inércia, resfriamento, redução da dinâmica interna e contração. O sal, nesse sentido, é a tendência de certas forças organizadoras da matéria e não a substância química em si. O que a química moderna define como sal seria, nessa concepção, apenas um exemplo da etapa final de atuação do impulso sal na matéria ou nas substâncias.

Processo súlfur. Contrapondo-se ao processo sal, para equilibrar sua tendência estagnante, o processo súlfur leva a matéria novamente ao estado de fluxo contínuo, de mutação dinâmica, de expansão, de evaporação, de desagregação, de calor e de sutilização. A organização da matéria no plano concreto, tal como a conhecemos, torna imperiosa a presença de ambos os processos: o súlfur e o sal.

Processo mercúrio. A possibilidade de duas tendências opostas interagirem de modo positivo e criativo é dada pelo impulso mercúrio, que harmoniza, complementa e cura. O impulso mercúrio interliga opostos, criando um terceiro estado de equilíbrio dinâmico. Sem esse impulso mediador na matéria e nos seres vivos seria impossível para a Natureza criar tanta ordem, beleza e multiplicidade de formas e movimentos.

O elemento químico mercúrio é também apenas o protótipo da atuação dessa tendência na organização da matéria.

○ Elementos acolhedores e sustentadores da vida

Grande parte dos elementos minerais dissolvidos na atmosfera primeva integrou-se no esqueleto mineral do planeta e participou da ilimitada criatividade que foi construindo gradativamente, ao longo de eras, os mais diversos minerais e rochas. Uma parte, porém, permaneceu dissolvida nas águas que se precipitaram nas grandes bacias e depressões geológicas e formaram oceanos e mares. O sal marinho representa, de certa forma, todo o reino mineral. Dissolvido em água pura, torna-se o protótipo mineral dos mares primordiais.

A água do mar, independentemente de sua origem e profundidade, é bem homogênea. Entre os sais minerais nela dissolvidos, destaca-se o cloreto de sódio[13] pelo elevado teor; em quantidade menor, o cloreto de magnésio e os sulfatos de sódio, de cálcio e de magnésio; em menor proporção ainda, os carbonatos, os bicarbonatos, os brometos e os iodetos. Encontram-se também elementos em escala infinitesimal, chamados oligoelementos. No mar estão presentes quase todos os elementos químicos conhecidos até hoje pela ciência – já foram detectados mais de 80 dos 92 da Tabela Periódica dos Elementos[14].

---

[13] Cloreto de sódio. Nome químico do sal de cozinha.

[14] Tabela Periódica dos Elementos. Tabela em que os elementos químicos são organizados em linhas, que correspondem aos períodos, e colunas, que formam os grupos. Antigamente, a tabela periódica era ordenada segundo o peso atômico dos elementos; hoje, usam-se os números atômicos em ordem crescente.

Cada quilômetro cúbico de água do mar contém aproximadamente 35 milhões de toneladas de sólidos dissolvidos. Se fosse estendida em toda a superfície da Terra, a massa total de sais marinhos formaria uma camada de 40 metros de espessura, 30 deles com cloreto de sódio. Estima-se ainda que essa massa de sais seja suficiente para construir todos os continentes, com todas as suas montanhas! Embora 99,7% do sal oceânico seja composto por oito elementos majoritários, os restantes 0,3% de elementos minoritários são essenciais à vida dos seres dentro e fora dos mares.

Entre os elementos majoritários está o magnésio, de vital importância para a vida na Terra. A combinação do magnésio com o enxofre forma o sulfato de magnésio, também conhecido como sal amargo. Calcula-se que em 100 partes de sal marinho há em média 16 de sulfato de magnésio, quantidade suficiente para construir toda a América do Sul e suas montanhas.

Nada se perde e nada se apaga neste universo. A síntese das experiências evolutivas pelas quais passa cada partícula material, cada corpo e cada ser permanece registrada em sua contraparte sutil. Assim, o sal marinho entrou como componente essencial do UR-CALDO, não só para enriquecê-lo com sua diversificada composição química, mas principalmente para transmitir-lhe a memória primeva da dinâmica vital dos oceanos primordiais.

Mais do que repor substâncias e elementos de que os solos possam estar hoje carentes, o UR-CALDO tem por objetivo despertar na matéria a memória do seu estado vital primordial. Pode também fornecer ao solo os micronutrientes de que ele necessita, porém em estado coloidal, biologicamente dinâmico.

2.2 Componentes vegetais

Empregamos espécies de plantas provenientes de três grupos: plantas mensageiras, plantas catalisadoras e uma planta nutriz.

○ Plantas mensageiras

Plantas mensageiras, no contexto deste livro, são as que se originaram em tempos remotos da Terra e de alguma forma sobreviveram até hoje. Trazem consigo, como mensagem, registros daqueles tempos. Essas plantas ancestrais viveram em condições externas completamente distintas das atuais. Conheceram a influência direta dos impulsos criadores, plasmadores e organizadores da vida, tão evidentes naquelas etapas iniciais. Atravessaram eras, viram o planeta contorcer-se em movimentos convulsivos sob a ação poderosa das forças orogênicas que o levavam a se adaptar a novos padrões. Conseguiram sobreviver porque desenvolveram em alto grau a adaptabilidade. Como nada se perde no universo, a síntese dessas experiências ficou gravada em sua memória vital, na contraparte sutil de sua organização.

Tanto a memória que as plantas mensageiras guardam daquele estado dinâmico da Terra nos primórdios da atual fase evolutiva como sua adaptabilidade e capacidade transformadora são essenciais ao solo no momento atual da Terra, que se prepara para uma nova etapa de sua existência. E foi por causa de tais qualidades e registros de experiências que as incluímos no UR-CALDO.

Diferentes grupos de plantas mensageiras se adaptaram em diferentes regiões, de acordo com a afinidade que tinham com a conjuntura energética de cada local. Em nossa região encontramos as seguintes espécies de eqüissetos, licopódios e filicíneas:

Cavalinha (*Equisetum pyramidale*) — O que hoje é chamado de cavalinha (ou *Equisetum*) faz parte de uma das famílias vegetais que se formaram logo que a vida emergiu dos oceanos e mares e iniciou seus primeiros movimentos na superfície da Terra. É uma reminiscência viva da fase em que o reino vegetal ainda não tinha a capacidade de formar flor. Representa o primeiro grande passo desse reino na direção da planta verde (com clorofila). Surgiu no período de infância do planeta, quando teve início a manifestação, em larga escala, do reino vegetal. Até aquela época não havia separação nítida entre os diversos reinos da Natureza. Havia estados intermediários, como o reino mineral-vegetal e o vegetal-animal. Com a definição gradativa do reino vegetal, aos poucos o reino mineral e o animal também foram se diferenciando.

O *Equisetum* apresenta delicada estrutura vegetal composta de silício e permeada de substâncias alcalino-sulfurosas em seus líquidos. Manifesta nítida tendência para a formação de caule, ao contrário da maioria das plantas modernas, cuja tendência é canalizar a energia para a formação das folhas ou das flores. Suas potentes forças vitais, que ele atrai de correntes cósmicas criadoras, dirigem-se ao desenvolvimento de sua parte inferior. Em nossas cercanias, foi encontrado em estado nativo, em uma área junto de um manancial de águas sulfurosas curativas.

Licopódio (*Lycopodium cernuum*). O licopódio também é remanescente de passado remoto da Terra. Vem da época em que as plantas eram pouco estruturadas, não possuíam caule e viviam diretamente na água ou à beira de lagos e em outras áreas úmidas, da época em que tinham formas rastejantes, simples e não especializadas. À medida que o ser humano assumia forma física e passava a incorporar matéria terrestre em seu corpo e se verticalizava, as plantas foram paralelamente se condensando, o que lhes possibilitou criar caule rijo e erguer-se do solo. Foi um marco decisivo em sua evolução, pois elementos superiores, como folhas, flores, frutos e sementes, desenvolveram-se a partir do caule. O licopódio está entre os vegetais que incorporaram o impulso à verticalização no reino vegetal, o que deu origem às gigantescas formas arbóreas que passaram a compor florestas densas, transformadas mais tarde em muitas das atuais jazidas de carvão mineral. Também ele foi encontrado, em estado nativo, em nossa região.

Samambaia-das-taperas (*Pteridium aquilinum*). Essa samambaia caracteriza-se pelo exuberante desenvolvimento vegetativo. Sua inesgotável capacidade de adaptação faz dela uma planta pioneira, própria para repovoar, regenerar e recompor solos desgastados. Torna esses solos propensos a acolher outras plantas, já mais exigentes. O gênero *Pteridium* pertence ao grupo dos Pteridófitos, classe das Filicíneas.

Engloba os fetos arborescentes, samambaias e avencas. A samambaia-das-taperas foi encontrada em diversas áreas em nosso entorno, como sinal do depauperamento do solo.

Plantas catalisadoras

A atividade psíquica densa do ser humano gerou, ao longo dos tempos, espessas couraças psíquicas em torno do planeta. Tais couraças dificultam tanto a sintonia do reino vegetal com os impulsos sutis dos arquétipos que regem sua evolução quanto o aporte de correntes de energias cósmicas à superfície do solo.

As plantas que chamamos aqui de *catalisadoras* favorecem o rompimento dessas couraças e permitem a criação de um poderoso manto energético em toda a atmosfera que envolve a área de cultivo. Imprimem padrões vibratórios de extrema sutileza nessa atmosfera. Cada uma das plantas catalisadoras que utilizamos no UR-CALDO atua de forma específica, conforme a descrição a seguir.

Vernônia[15] (*Vernonia polyanthes*). É arbusto típico do cerrado. Após efusiva e bela floração, repleta de flores alvas, delicadas e perfumadas, seus frutos logo se formam, com incontáveis sementes dotadas de uma espécie de pára-quedas que lhes facilita disseminarem-se pelo ar. Um pequeno arbusto de vernônia produz mais de um milhão de sementes, que aguardam com paciência as primeiras chuvas de primavera, para só então se soltarem. Essa obediência estrita aos coman-

[15] Também conhecida como assa-peixe.

dos superiores da Natureza e do cosmos garante-lhes encontrar solo úmido, em que podem germinar prontamente.

As estações do ano refletem uma interação exata e harmônica entre a Terra e o Sol, e deste com estrelas e constelações distantes. Os movimentos rítmicos de manifestação da vida no planeta, bem como suas diversas condições climáticas, obedecem ao comando de uma inteligência superior. O arbusto vernônia conserva em si, de forma bem ativa, a sintonia com esses níveis de existência elevados, onde se encontram impressos os padrões arquetípicos do reino vegetal. É dessa sintonia com as forças cósmicas que a vernônia retira sua grande vitalidade e pioneirismo. Utilizamos suas sementes no UR-CALDO, pois as qualidades sutis desse vegetal estão nelas sintetizadas. Transferidas para o preparado, tais qualidades são de grande valia para a regeneração do solo e sutilização da vida vegetal.

Cipó-de-fogo[16] (*Pyrostegia venusta*). É planta trepadeira de grande vigor, que habita campos e espaços abertos e floresce intensamente nos dias frios e curtos de inverno. Perfura a terra, percorre longas distâncias, transpõe obstáculos, expandindo-se em horizontal. No final do inverno, quando grande parte do cerrado fica sem cor e sem vida devido à longa estiagem e ao frio, é um dos poucos vegetais que se mantêm vivos.

Essa viçosa trepadeira rompe também fronteiras no sentido vertical, rasgando os éteres e tornando a atmosfera mais permeável aos elementos imponderáveis da luz e do calor. Como seu nome revela, tem natureza ígnea, e esta colabora de maneira decisiva na dissolução da densa crosta psíquica que envolve o planeta. Além disso, transfere vigor ao solo, revitaliza-o.

[16] Também conhecido como cipó-de-são-joão.

Barbatimão (*Stryphnodendron barbatiman*). É árvore rústica, também típica do cerrado. Suas cascas são muito ricas em tanino, substância que lhe confere acentuada capacidade de adstringência. Essa capacidade favorece a aglutinação dos impulsos trazidos pelas outras plantas catalisadoras e pelas plantas mensageiras e auxilia a fixação desses impulsos no solo.

As cascas do barbatimão são misturadas no UR-CALDO sob a forma de pó fino, para que suas qualidades prontamente se transfiram para ele por meio dos processos de fermentação que aí ocorrem. Assim, suas qualidades sutis o impregnam e o tornam capaz de colaborar na aglutinação de certas correntes de energias cósmicas que necessitam de um empuxo para ancorar no solo.

○ Planta nutriz

Ao longo de eras remotas a proteína primordial que preenchia a atmosfera da Terra foi-se desintegrando gradativamente, ora por meio da dissolução das plantas primordiais, ora por meio de chuvas torrenciais que ocorreram por incontáveis períodos. Encontramos os vestígios dessa proteína, seu "esqueleto", por assim dizer, nos elementos oxigênio, nitrogênio e hidrogênio, e no gás carbônico presentes na atmosfera atual. O enxofre, que também se precipitou, incorporou-se pouco a pouco ao reino mineral.

Encontramos ainda na Natureza várias expressões vivas dessa proteína primordial. A mais evidente delas é o leite materno, próprio dos mamíferos. O amplo potencial mantenedor da vida que lhe é próprio dá testemunho daquela capacidade universal da proteína dos tempos primevos. Existem também exemplos significativos dessa expressão no reino vegetal, como o coco-da-baía, o pinhão, o amendoim, a castanha-do-pará, os feijões e, em especial, a soja.

Podemos chamar a soja de planta nutriz, por ser síntese desse potencial, dessa expressão da proteína primordial. É capaz de despertar na matéria uma vitalidade essencial. É útil tanto para a regeneração do solo como para a cooperação entre os reinos da Natureza.

Soja (*Glycine max*). O amplo e quase completo potencial nutriente da soja aponta-nos sua origem remota. Assim, ao adicionarmos algum de seus derivados — a ocara[17] ou o próprio leite de soja — ao UR-CALDO, introduzimos em sua composição um dos mais expressivos remanescentes da substância protéico-leitosa da Terra primigênia.

A soja carrega duas correntes de vida, distintas e complementares: uma substancial, concreta, que preenche, como um recheio, o molde sutil da forma a ser manifestada. Outra sutil, imponderável, que colabora para plasmar o próprio molde da forma, o seu desenho.

A primeira pode ser reconhecida na diversidade dos elementos nutrientes da soja, tais como proteínas, vitaminas, carboidratos, óleos, sais minerais e vários micronutrientes. A segunda, na extrema vitalidade, adaptabilidade e variedade de

---

[17] Ocara. Para a elaboração do leite de soja trituram-se os grãos em água. A massa residual é a ocara.

usos. Essas características evidenciam que suas raízes se fundam na fonte primordial da vida em tempos pretéritos da Terra[18].

2.3 Componentes animais: mediadores entre os reinos da Natureza

A Natureza é uma grande rede composta de substâncias, processos, forças e energias que interagem em harmonia. Em todo fenômeno natural deve haver perfeito equilíbrio entre os reinos, e certos componentes produzidos por animais são imprescindíveis para que esse equilíbrio se instale. Por isso, no UR-CALDO incorporamos os seguintes impulsos animais:

Apis (*Apis mellifera*): As abelhas têm relação íntima com o reino mineral, com o reino vegetal e também com o humano. Sua vida é caracterizada pela influência da luz, expressa na perfeita estrutura hexagonal dos seus favos. Essa configuração, como já vimos, é a mesma do silício-luz — que ao se coagular é transformado no elemento silício. A relação das abelhas com o reino vegetal é bem evidente: elas o visitam continuamente e é dele que retiram os elementos — pólen, néctar, seiva, entre outros — com que elaboram substâncias vitais como o mel, a própolis e a geléia real. Se as abelhas dependem das plantas para sua sobrevivência, estas tampouco poderiam existir sem a sua colaboração. As abelhas não só propiciam os processos

---

[18] Vide mais informações sobre a soja no livro CURAS PELA QUÍMICA OCULTA, do mesmo autor, Editora Pensamento, São Paulo.

biológicos de fecundação das plantas, mas sobretudo outorgam a elas certos impulsos energéticos sutis que as sustentam como reino. Já a relação das abelhas com o reino humano pode ser percebida por algumas características comuns. Sabe-se, por exemplo, que a temperatura no interior de uma colméia deve ser mantida estritamente dentro de certos limites, em torno de 36,5°C, a mesma temperatura do corpo humano. O impulso que determina essa temperatura ao ser humano individualizado expressa-se aqui de forma grupal em uma colméia. Essas e outras características sutis da vida das abelhas interligam todos os reinos e podem ser incorporadas ao UR-CALDO, colocando-se dentro dele uma pequena amostra de mel.

Formica (*Formica sp*): As formigas desempenham papel central na economia de toda a Natureza, pois continuamente produzem o ácido fórmico, substância que não se restringe ao âmbito desses insetos. Ao ser exalado de modo sutil na atmosfera, o ácido fórmico altamente diluído e dinamizado constitui, por assim dizer, um manto em torno do planeta inteiro. Isso possibilita que a matéria orgânica em decomposição seja reintegrada no circuito vital e não se transforme em partículas inorgânicas, de difícil aproveitamento. O processo é bem evidente em uma floresta densa, onde o que se desprende das árvores (folhas velhas, galhos secos, cascas etc.) deve transformar-se logo em húmus, de fácil assimilação, para manter a exuberante vitalidade do ambiente. O mesmo ácido fórmico é produzido sem cessar na organização substancial e energética do ser humano. É sobre esse ácido que, por assim dizer, ancora a consciência astral do ser humano. Portanto, essa secreção natural das formigas, como o mel das abelhas, interliga reinos da Natureza.

Acrescentamos o ácido fórmico natural ao UR-CALDO, adicionando a ele uma porção de terra de formigueiros típicos do cerrado, construídos por formigas graúdas e pretas, muito ativas, que em geral usam restos de matéria orgânica vegetal para fazer seus ninhos na superfície do solo, ou em orifícios naturais, ou ainda em galhos caídos. A terra de formigueiro de saúva também pode ser utilizada.

Segunda Parte

Ur é a raiz da Luz do Fogo.
Desde tempos imemoriais esse Princípio Radiante
tem atraído corações de muitos povos.
Assim, dos testamentos do passado,
transportemo-nos para conquistas futuras.

Morya em
MUNDO ARDENTE

3

UR-CALDO e GEO-REGENERADOR

Nesta segunda parte do livro apresentaremos, em cinco capítulos, o modo de elaborar o UR-CALDO e o GEO-REGENERADOR. Mostraremos, inicialmente, como fazer o UR-CALDO Matriz (UR-CALDO M), preparado básico. Em seguida, como fazer o UR-CALDO 0,1%, solução milesimal do UR-CALDO matriz, e como utilizá-lo nas plantas. Também mostraremos como fazer o GEO-REGENERADOR (GEO-REG), a partir do UR-CALDO 0,1%, e como desdobrá-lo em preparados que denominamos GEO-REG S1, GEO-REG S2, GEO-REG S3 e GEO-REG S4.

3.1 Elaboração do UR-CALDO Matriz

- Materiais necessários:
  - Recipiente de 100 litros ou mais: o recipiente pode ser uma caixa de fibra de vidro ou similar com altura que permita a uma pessoa de estatura média executar com algum instrumento movimentos em espiral para misturar e dinamizar o preparado;

- Pá de madeira, bambu ou similar: instrumento para movimentar o preparado.

Componentes (para 100 litros[19]):

Minerais

- Prata, mercúrio, cobre, ouro, ferro, estanho e chumbo: podem ser usados sob forma dinamizada (respectivamente: *Argentum met., Mercurius met., Cuprum met., Aurum met., Ferrum met., Stannum met.* e *Plumbum met.*, na dinamização S1, D6 ou CH3[20]). Usam-se aproximadamente 50 g ou 30 ml de cada um desses preparados. Em caso de não se ter acesso à forma dinamizada – que seria a ideal –, podem-se usar minerais naturais dos respectivos metais, bem triturados, ou ainda raspas de peças desses metais;
- Silício, mica e feldspato: podem ser fornecidos pela trituração bem fina de um granito, encontrado em qualquer região do planeta, pois nele esses três elementos estão presentes[21]. Usa-se uma quantidade suficiente para formar uma camada de aproximadamente 5 cm no fundo do recipiente.

---

[19] As quantidades de cada ingrediente indicadas aqui são para 100 litros de UR-CALDO Matriz.

[20] As dinamizações na linha "D" ou "CH" podem ser adquiridas em farmácias homeopáticas ou outras. Para a linha "S" veja a nota de rodapé da página 57.

[21] Usamos uma amostra de solo da região. Esse solo era fruto da desagregação de granito e compunha-se de areia fina (cristais de silício), de mica bem fragmentada e de caulim, subproduto do feldspato.

- Enxofre: 100 g, em pó;
- Sal grosso marinho: 1.000 g de sal não tratado;
- Água pura: se possível não clorada e não tratada.

Vegetais

- Cavalinha (*Equisetum pyramidale*): 200 g da planta toda;
- Licopódio (*Lycopodium cernuum*): 200 g da planta toda;
- Samambaia-das-taperas (*Pteridium aquilinum*): 200 g da planta toda;
- Vernônia (*Vernonia polyanthes*): 50 g das sementes;
- Cipó-de-fogo (*Pyrostegia venusta*): 200 g dos ramos floridos;
- Barbatimão (*Stryphnodendron barbatiman*): 200 g das cascas do tronco pulverizadas;
- Soja (*Glycine max*): 500 g de ocara ou 2.000 ml de leite de soja.

Animais

- Mel de abelhas (*Apis mellifera*): 100 ml;
- Ácido fórmico natural (*Formica sp*): 1 litro de terra de formigueiro, bem triturada.

Mistura dos componentes

- Instalar o recipiente para o UR-CALDO em uma base

plana e estável, em local semi-sombreado, onde não haja muita circulação de pessoas, veículos nem animais.

- Colocar no fundo do recipiente uma camada de aproximadamente 5 cm da mistura de silício, mica e feldspato. Essa é a base mineral que vai atrair o conjunto das forças minerais, das forças orgânicas e dos processos sutis que nela vai ancorar.
- Sobre essa base mineral verter água pura, até alcançar 2/3 do recipiente. O espaço livre é para facilitar os movimentos que serão feitos para dinamizar o URCALDO M.
- Após acrescentar cada componente a seguir, dinamizar brevemente o preparado, misturando-o com a pá ou outro instrumento similar em movimentos espiralados.
- Introduzir separadamente os sete metais.
- Acrescentar o enxofre e o sal marinho.
- Adicionar a ocara ou o leite de soja.
- Introduzir separadamente as seis plantas restantes, secas ou frescas, bem trituradas.
- Acrescentar o mel.
- Por último, acrescentar a terra de formigueiro.

Observação: O ideal seria iniciar a elaboração do URCALDO no período que vai da lua cheia para a nova.

○ Tempo de latência

O UR-CALDO M deve passar agora por um período de latência para que se inicie a fermentação e para que a dinâmica interna de suas substâncias e processos seja despertada. O preparado necessita de pelo menos um ciclo completo de lunação (cerca de 29 dias) antes de ser usado. Nos primeiros dias, a fermentação das substâncias orgânicas provoca desprendimento de gases sulfurosos, o que vai arrefecendo com o passar do tempo.

○ Dinamização

O UR-CALDO M deve ser dinamizado duas vezes ao dia, por no mínimo 2 ½ minutos cada vez, para que sejam acelerados os processos de fermentação e para que não haja degradação das substâncias orgânicas por bactérias predominantemente anaeróbicas.

Os movimentos da dinamização são feitos em espiral, de maneira rítmica, ininterrupta e vigorosa mas não agitada, a fim de que as espirais que se formam desçam ao fundo do recipiente. Os movimentos devem ser feitos em ambos os sentidos, alternados de tempos em tempos.

As dinamizações facilitam a interação das substâncias e forças e torna o preparado mais receptivo às novas energias que continuamente chegam do cosmos à Terra. Devem ser feitas ao nascer e ao pôr do sol, momentos impregnados de uma conjuntura energética especial. Ao amanhecer estão mais atuantes as vibrações da constelação de Peixes, que neste ciclo planetário estimulam a liberação da luz aprisionada na matéria e elevam a consciência, impulsionando o homem ao serviço. Ao entardecer estão mais atuantes as vibrações da constelação de Virgem, que no atual ciclo despertam a fecundidade da matéria, tornando-a capaz de dar forma ao propósito superior da existência, o que possibilita a concretização de realidades suprafísicas.

○ Reposição dos componentes

Para manter as propriedades do UR-CALDO M é preciso repor seus componentes de tempos em tempos. Os elementos vegetais e animais devem ser repostos a cada nova estação: solstício de verão, equinócio de outono, solstício de inverno, equinócio da primavera[22]; os elementos minerais, a cada semestre; a água, proporcionalmente, na medida do uso.

○ Procedimento em caso de doenças ou de pragas

Quando iniciamos um programa de regeneração do solo, encontramos em geral nas áreas a regenerar condições de deterioração que podem refletir-se em pragas e doenças dos vegetais cultivados. A resposta do solo e das plantas aos impulsos regeneradores leva tempo maior ou menor a depender do caso. Podemos usar, se necessário, preparados de apoio, como os descritos a seguir:

---

[22] Solstício de verão: 22 ou 23 de dezembro; equinócio de outono: 21 de março; solstício de inverno: 22 ou 23 de junho; equinócio da primavera: 23 de setembro. Essas datas são referentes ao hemisfério Sul.

Colocar em um recipiente de aproximadamente 10 litros partes doentes do vegetal (folhas com fungos ou outros patógenos, frutos doentes, raízes contaminadas etc.) ou os agentes das pragas (insetos, larvas, moluscos e outros animais invertebrados).

Acrescentar água pura, até completar 2/3 do volume do recipiente, UR-CALDO M na concentração de 10% do volume de água e ocara na concentração de 1%.

Deixar essa composição em processamento durante pelo menos 1 semana. Nesse período, movimentá-la duas vezes ao dia, em espiral, no mínimo por 2 ½ minutos cada vez.

Ao final, coar e filtrar o líquido. Dinamizá-lo, a seguir, em diferentes níveis, denominados S1, S2 e S3. As orientações básicas para as dinamizações estão nas páginas 56 e seguintes.

Pulverizar as plantas doentes com os preparados em S1, S2 e S3, diluídos a 0,1% (vide esquema de diluição nas páginas 60 e 61). Começar pelo menos diluído, o S1, a seguir passar para o S2 e finalmente para o S3, com intervalo de alguns dias entre cada pulverização. Pode-se usar também o S0, que é o preparado-base, diluindo-o a 0,1%.

3.2 Elaboração do UR-CALDO 0,1%

- Materiais necessários:

  - Recipiente de 100, 200 ou mais litros: o tamanho do

recipiente depende da necessidade. Pode ser uma caixa de fibra de vidro ou similar, com altura que permita a uma pessoa de estatura média executar com algum instrumento movimentos em espiral para misturar e dinamizar o preparado;

- Pá de madeira, bambu ou similar: instrumento para movimentar o preparado.

Componentes (para 100 litros):

- Silício, mica e feldspato: podem ser fornecidos pela trituração bem fina de algum granito, pois nele esses três elementos estão presentes, como já foi dito para o preparo do UR-CALDO M. Usa-se quantidade suficiente para formar uma camada de aproximadamente 5 cm no fundo do recipiente.
- Soja: 500 g de ocara ou 2.000 ml de leite de soja;
- UR-CALDO M: 100 ml;
- Água pura: se possível não clorada e não tratada.

Mistura dos componentes

- Instalar a caixa em uma base plana e estável, em local semi-sombreado, onde não haja muita circulação de pessoas, veículos nem animais.
- Colocar no fundo da caixa uma camada de aproximadamente 5 cm da mistura de silício, mica e feldspato, como no preparo do UR-CALDO M.

- Encher a caixa com água pura, até completar 2/3 do seu volume. O espaço livre é para facilitar as dinamizações diárias.
- Adicionar a ocara e misturar bem.
- Adicionar o UR-CALDO M.

Tempo de latência

O UR-CALDO 0,1% precisa amadurecer por no mínimo 2 semanas (da lua nova à cheia) antes de ser usado, para que se inicie a fermentação e para que a dinâmica interna de seus processos seja despertada.

Dinamização

A dinamização do UR-CALDO 0,1% também deve ser feita em espiral, como no preparo do UR-CALDO M, rítmica e ininterruptamente, ao nascer e ao pôr do sol, por no mínimo 2 ½ minutos. Devem ser seguidas as demais instruções já descritas.

Formas de uso do UR-CALDO 0,1%

O UR-CALDO 0,1% é um dos elementos centrais do nosso programa de regeneração do solo e das plantas. Contém micronutrientes biologicamente ativos e pode servir de apoio para todas as fases da vida e do metabolismo vegetal. Por ser mais substancial que os demais preparados, presta-se a muitos usos:

O UR-CALDO 0,1% pode ter aplicação direta nas plantas e

no solo para repor nutrientes biologicamente ativos ou para estimular a reciclagem de matéria orgânica.

A pulverização com o UR-CALDO 0,1% pode obedecer a um programa baseado em ritmos lunares e solares, como será descrito. Nada impede, contudo, que seja feita fora desses ritmos, em momentos de maior necessidade das plantas, como nos períodos de estiagem, em situações de choque por extremos de temperatura ou nas fases de germinação, de crescimento vegetativo, de floração e de frutificação.

Pode-se aplicar o preparado com pulverizadores costais, pulverizadores agrícolas, carros-pipa ou similares. Para informações complementares, ver página 63 e seguintes.

O UR-CALDO 0,1% é também usado para o preparo do solo antes de pulverizações e para a elaboração do GEO-REGENERADOR (GEO-REG), como veremos a seguir.

3.3 Elaboração do GEO-REGENERADOR S0

Essa é uma das etapas mais importantes de todo o trabalho de regeneração do solo que estamos propondo. Dela depende o desdobramento e o resultado das seguintes. Nesta seção trataremos do uso indireto do UR-CALDO 0,1% para o preparo do solo antes das pulverizações.

○ Materiais necessários:

- ○ Vaso de cerâmica: tamanho médio, boca larga e aproximadamente 10 cm de altura;

- Prato de cerâmica;
- Coador para chá;
- Funil;
- Algodão;
- Filtro de papel de laboratório ou de coar café;
- Peneira de arroz;
- Etiquetas para identificação;
- Almofariz, de preferência de porcelana. Pode ser também de vidro, mas não de metal nem de madeira.

Componentes:

- UR-CALDO 0,1%;
- 1 litro de álcool absoluto;
- Água pura.

Montagem do laboratório

Antes de começar o preparo do GEO-REG, é preciso reservar uma sala, limpa e ordenada, para funcionar como laboratório. Ela deverá conter pia, bancada, se possível geladeira e também um armário para guardar frascos. São necessários algodão, toalhas de papel, lixeira e material para lavar frascos.

Apesar de não ser obrigatória assepsia rigorosa para o preparo dos dinamizados, valem aqui as boas regras de higiene, como o uso de indumentária própria: avental branco, gorro e máscara descartáveis ou laváveis. É importante manter a sala e os materiais limpos e sempre prontos para uso.

○ Procedimento para a elaboração:

Selecionar a área a ser submetida ao programa de regeneração do solo.

Demarcar na área 10 pontos distribuídos de forma homogênea e de cada um desses pontos colher uma amostra do solo. As amostras devem ser retiradas de um corte vertical de aproximadamente 20 cm de profundidade, incluída a camada da superfície.

Misturar as amostras e peneirá-las para obter uma única amostra homogênea.

Colocar a amostra obtida no vaso de barro. Etiquetar esse vaso especificando a área de onde foi retirada a amostra e a data de início do programa.

Manter o vaso em local semi-sombreado e tomar precauções para que a amostra de solo não resseque. Isso pode ser feito colocando-se um prato com água pura sob o vaso.

Se a área tratada se destina a algum cultivo, podem ser colocadas para germinar sementes do que se vai plantar. Podem-se transplantar também para o vaso duas ou mais mudas de vegetais vigorosos e típicos dessa área.

Regar o vaso com o UR-CALDO 0,1% 3 vezes por semana, durante 4 semanas no mínimo (correspondente a um período completo de lunação), sem contudo encharcá-lo. Manter água pura (não o UR-CALDO 0,1%) no prato sob o vaso.

Após esse tempo, algumas sementes já podem ter germinado e algumas plantas já podem estar desenvolvidas. Colher algumas plantas inteiras, com raízes, e misturá-las em um almofariz com aproximadamente uma xícara (das de café) da amostra de solo do vaso.

Acrescentar UR-CALDO 0,1% suficiente para cobrir todo o material e triturar tudo para obter uma massa quase líquida e homogênea.

Coar essa massa inicialmente no coador fino, depois em um funil com uma placa de algodão dentro e finalmente em filtro de papel.

Misturar o líquido resultante meio a meio com álcool absoluto e guardá-lo em geladeira (não no congelador). Esse é o GEO-REGENERADOR S0 (GEO-REG S0), do qual se originarão preparados de diferentes níveis de sutilização.

Continuar a regar com o UR-CALDO 0,1% o vaso de onde se retiraram as plantas e a amostra do solo, mantendo água no prato sob o vaso. As plantas que continuarem a germinar serão usadas para o preparo do GEO-REG S4, como veremos mais à frente.

3.4 Elaboração do GEO-REGENERADOR S1, do S2 e do S3[23]

○ Materiais necessários:

- Frascos de vidros de 1 litro, 500 ml, 150 ml, e 30 ml;
- Rótulos para identificação;
- Seringa descartável de 3 ou 5 ml;
- Conta-gotas.

○ Componentes:

- 1 litro de álcool absoluto;
- Aproximadamente 30 litros de água pura;
- GEO-REGENERADOR S0 (GEO-REG S0).

○ Procedimento para a elaboração do GEO-REGENERADOR S1:

- Diluir 300 ml de álcool absoluto em 700 ml de água e agitar. Colocar um rótulo no frasco com o nome Álcool 30% e a data. Guardar o frasco em ambiente seguro, fora do alcance de crianças. Essa é a solução hidroalcoólica 30% (SHA 30%), que será usada para as futuras dinamizações.

---

23 Este esquema de diluições e dinamizações é o mesmo para a elaboração dos preparados especiais para doenças e pragas vegetais (vide páginas 48 e 49).

- Colocar 2 ml do GEO-REG-S0 em um frasco de 30 ml e diluí-los em 18 ml de SHA 30%. Essa é a primeira diluição decimal (1D). Fechar bem o frasco e dinamizar[24] o conteúdo durante 2 ½ minutos, bastando para isso agitar o frasco ritmicamente na direção horizontal. O resultado dessa dinamização intermediária é o GEO-REG 1D.

- Colocar 100 ml de SHA 30% em um frasco de 150 ml. Retirar com a seringa 1 ml dessa solução e descartá-lo. Esvaziar bem a seringa, aspirar 1 ml do GEO-REG 1D e acrescentá-lo ao frasco com 99 ml de SHA 30%. Essa é a primeira diluição centesimal (1C). Fechar bem o frasco e dinamizar o conteúdo durante 2 ½ minutos. O resultado dessa dinamização intermediária é o GEO-REG 1D/1C.

- Colocar 100 ml de SHA 30% em um frasco de 150 ml e acrescentar, com conta-gotas, 2 gotas do GEO-REG 1D/1C. Essa é a primeira diluição milesimal (1M). Fechar bem o frasco e dinamizar o conteúdo durante 2 ½ minutos. O resultado dessa dinamização é o GEO-REG 1D/1C/1M, que equivale ao que chamamos de GEO-REGENERADOR S1 (GEO-REG S1).

---

[24] As indicações dadas aqui para dinamizações na linha "S" dizem respeito especificamente ao contexto deste programa de regeneração do solo. Para mais informações, podem ser consultadas outras obras do autor, tais como O ETERNO PLANTIO, JORNADAS PELO MUNDO DA CURA e RECEITUÁRIO DE MEDICAMENTOS SUTIS, Editora Pensamento, São Paulo.

- Rotular o frasco com o nome GEO-REG S1 e a data de elaboração e guardá-lo na geladeira.

Procedimento para a elaboração do GEO-REGENERADOR S2:

- Colocar 2 ml de GEO-REG S1 em um frasco de 30 ml e diluí-los em 18 ml de SHA 30%. Essa é a segunda diluição decimal (2D). Fechar bem o frasco e dinamizar o conteúdo durante 2 ½ minutos. O resultado dessa dinamização intermediária é o GEO-REG 2D.

- Colocar 100 ml de SHA 30%, em um frasco. Retirar 1 ml dessa solução e descartá-lo. Acrescentar 1 ml do GEO-REG 2D ao frasco com 99 ml de SHA 30%. Fechar bem o frasco e dinamizar o conteúdo durante 2 ½ minutos. O resultado dessa dinamização intermediária é o GEO-REG 2D/2C.

- Colocar 100 ml de SHA 30% em um frasco de 150 ml. Acrescentar, com conta-gotas, 2 gotas de GEO-REG 2D/2C. Essa é a segunda diluição milesimal (2M). Fechar bem o frasco e dinamizar o conteúdo durante 2 ½ minutos. O resultado dessa dinamização é o GEO-REG 2D/2C/2M, que chamamos de GEO-REGENERADOR S2 (GEO-REG S2).

- Rotular o frasco com o nome GEO-REG S2 e a data de elaboração e guardá-lo na geladeira.

- Procedimento para a elaboração do GEO-REGENERADOR S3:

  - Colocar 2 ml do GEO-REG S2 em um frasco de 30 ml e diluí-los em 18 ml de SHA 30%. Essa é a terceira diluição decimal (3D). Fechar bem o frasco e dinamizar o conteúdo durante 2 ½ minutos. O resultado dessa dinamização intermediária é o GEO-REG 3D.

  - Colocar 100 ml de SHA 30% em um frasco. Retirar 1 ml dessa solução e descartá-lo. Acrescentar 1 ml de GEO-REG 3D ao frasco com 99 ml de SHA 30%. Fechar bem o frasco e dinamizar o conteúdo durante 2 ½ minutos. O resultado dessa dinamização intermediária é o GEO-REG 3D/3C.

  - Colocar 100 ml de SHA 30% em um frasco de 150 ml. Acrescentar com conta-gotas 2 gotas do GEO-REG 3D/3C. Essa é a terceira diluição milesimal (3M). Fechar bem o frasco e dinamizar o conteúdo durante 2 ½ minutos. O resultado dessa dinamização é o GEO-REG 3D/3C/3M, que chamamos de GEO-REGENERADOR S3 (GEO-REG S3).

  - Rotular o frasco com o nome GEO-REG S3 e a data de elaboração e guardá-lo na geladeira.

3.5 Elaboração do GEO-REGENERADOR S4:

- Materiais necessários:
  - Baldes de 100 litros ou mais;
  - Conta-gotas;
  - Extrator de suco verde[25], ou pilão de cozinha, ou almofariz;
  - Espremedor de batatas ou instrumento semelhante;
  - Coador fino;
  - Filtro de papel.

- Componentes:
  - Álcool absoluto;
  - GEO-REGENERADOR S1, S2, S3 (GEO-REG S1, S2, S3);
  - A planta mais vigorosa colhida do vaso usado para o preparo do GEO-REG S0: essa será a planta matriz do GEO-REG S4.

- Diluição das soluções
  - Adicionar 2 gotas do GEO-REG S1 para cada 100 ml de água pura em um balde adequado. Fazer movimentos

[25] O extrator de suco verde é um aparelho semelhante a um moedor doméstico, que prensa a planta por meio de uma rosca sem fim e coa ao mesmo tempo o suco obtido.

em espiral, vigorosos, durante 2 ½ minutos e reservar essa solução em um recipiente fechado para as pulverizações diárias. Repetir o mesmo procedimento para diluir o GEO-REG S2 e o GEO-REG S3. Usar balde separado para cada um.[26]

○ Procedimento para a elaboração:

Durante 4 semanas, pulverizar diariamente a planta matriz com as soluções diluídas: a de GEO-REG S1, ao nascer do sol; a de GEO-REG S2, ao meio-dia; e a de GEO-REG S3, ao pôr-do-sol. Ao crescer impulsionada pelas regas diárias, a planta matriz vai assimilando as qualidades sutis desses preparados.

Ao final desse tempo, colher a planta matriz, com as raízes. Limpar o excesso de terra, sem retirá-la inteiramente.

Fazer um extrato da planta, por pressão a frio, com um extrator de suco verde. Se não houver extrator disponível, triturar a planta em um almofariz e prensá-la em um espremedor.

Coar o suco fresco em duas etapas: primeiro com o coador fino e depois com o filtro de papel.

Diluir o suco obtido em 9 (nove) partes de álcool absoluto e guardá-lo na geladeira (por exemplo, se se obtêm 10 ml de suco fresco, diluí-los em 90 ml de álcool absoluto). Esse extrato é o GEO-REG S4.

---

[26] Este esquema de diluição é também o mesmo para os preparados especiais para doenças e pragas vegetais (vide página 49).

4

Pulverização com o GEO-REGENERADOR

○ Etapas de pulverização

A pulverização da área a ser submetida ao programa de regeneração do solo inicia-se com a aplicação conjunta dos preparados mais sutis, o GEO-REG S4 e o GEO-REG S3, no plenilúnio. É como se enviássemos ao éter planetário uma mensagem codificada para as hierarquias dévicas criadoras que ali atuam. O código da mensagem são os modelos suprafísicos das plantas germinadas, e a mensagem é nossa intenção de recebê-las e cultivá-las na área.

O GEO-REG S4 está em sintonia com o plano terrestre onde se projetam os arquétipos do reino vegetal, e essa sintonia se aprimora na fase do plenilúnio, pois a lua cheia reflete plenamente para a Terra os padrões[27] que nela se devem imprimir. O GEO-REG S3, aplicado junto com o S4, é como um mensageiro que acolhe e traz à Terra os padrões que o GEO-REG S4 contatou.

---

[27] Esses padrões arquetípicos são a contraparte suprafísica da forma material de cada espécie.

Continua-se a pulverização na semana seguinte, durante a lua minguante, com o GEO-REG S4 e o GEO-REG S2 juntos. Assim, reafirmamos em um nível um pouco mais material nossa intenção de receber e cultivar as plantas codificadas nas sementes, como se aos poucos aproximássemos essa intenção do solo. A Lua favorece o processo, pois a sua face visível se volta apenas parcialmente para o Sol. Nessa etapa, o GEO-REG S2 é que se torna o mensageiro: recebe os padrões energéticos que descem e os transporta à Terra. O GEO-REG S4 assegura a fidelidade aos modelos originais reconhecidos.

Na semana subseqüente, pulverizamos o solo com o GEO-REG S4 e o GEO-REG S1, e nossa intenção é reafirmada uma vez mais, um degrau abaixo, já bem próximo do plano concreto. Essa etapa é catalisada pelos impulsos do novilúnio, pois a lua nova favorece o acolhimento e a assimilação do que o impulso solar enviou à Terra.

Nessa mesma fase pode-se aplicar também o GEO-REG S4 e o GEO-REG S0 juntos, trazendo ao plano concreto da existência o que já vínhamos assinalando por meio de um diálogo silencioso e sutil. Se a fase coincidir com o plantio de alguma semente, pode-se então usufruir toda a configuração energética e dinâmica que tenha sido criada. O processo criativo terá sido ainda mais reforçado quando, na preparação do GEO-REG S0[28], introduzimos no vaso sementes do que seria plantado na área. E, mesmo se a pulverização dessa etapa não coincidir com nenhum plantio, padrões arquetípicos vegetais são, no decorrer dela, derramados mais e mais sobre o solo.

---

[28] Vide: Elaboração do GEO-REGENERADOR S0.

Até aqui, trilhamos o caminho da materialização da energia, que percorre um arco descendente ao se condensar no mundo das formas. Chegou o momento de trilhar o caminho inverso, no sentido ascensional. Para isso, continuamos a pulverizar semanalmente o GEO-REG no solo; agora, porém, em escala de sutilização ascendente.

Na lua crescente, aplicamos novamente o GEO-REG S4 e o GEO-REG S2 juntos. Assim auxiliada pela energia dessa fase lunar, nossa intenção começa a ascender.

No plenilúnio, aplicamos o GEO-REG S4 e o GEO-REG S3 juntos, penetrando com a intenção o mundo puro das energias criadoras que participam da manifestação das formas. É nesse mundo que residem os padrões arquetípicos das plantas e que atuam os espíritos criadores das formas. Com o trabalho proposto, dispomo-nos à cooperação e co-criação, estabelecendo um canal para que a energia desses níveis elevados flua até os planos materiais.

Síntese das etapas descritas

- Iniciar a pulverização com o GEO-REG S4 e o GEO-REG S3 juntos, no plenilúnio.
- Na semana seguinte, lua minguante, pulverizar o GEO-REG S4 e o GEO-REG S2 juntos.
- Uma semana depois, novilúnio, pulverizar o GEO-REG S4 e o GEO-REG S1. Nessa mesma etapa, pode-se aplicar também o GEO-REG S4 e o GEO-REG S0 juntos.

- Pode-se agora semear ou apenas continuar a preparação do solo.
- Na lua crescente, aplicar o GEO-REG S4 e o GEO-REG S2 juntos.
- No plenilúnio seguinte, aplicar novamente o GEO-REG S4 e o GEO-REG S3 juntos.

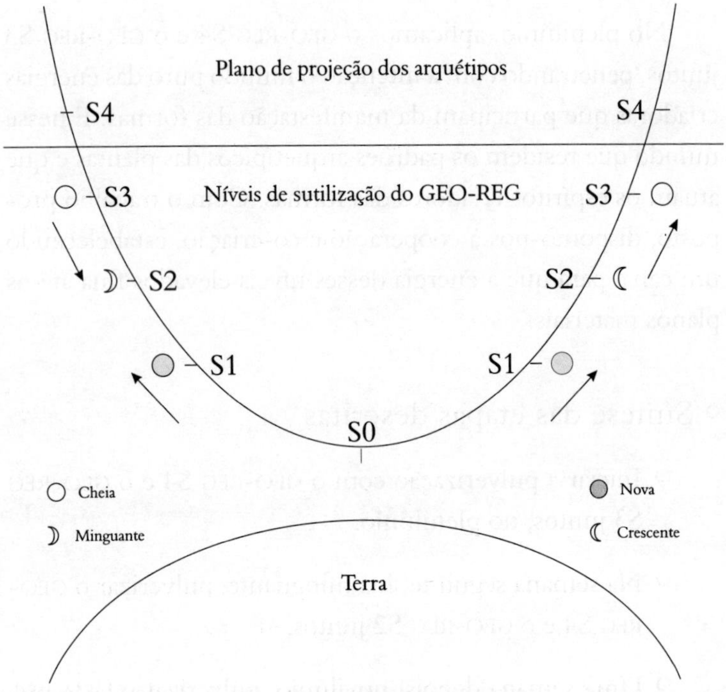

Curva de aplicação do GEO-REG

Etapas de Pulverização

Nível de projeção de arquétipos vegetais ⇒ S4

GEO-REG S4 + GEO-REG S3 ⇒ plenilúnio

GEO-REG S4 + GEO-REG S2 ⇒ lua minguante

GEO-REG S4 + GEO-REG S1 ⇒ novilúnio

GEO-REG S4 + GEO-REG S2 ⇒ lua crescente

GEO-REG S4 + GEO-REG S3 ⇒ plenilúnio

○ Diluição do GEO-REGENERADOR S1, do S2, do S3 e do S4 para pulverização

O GEO-REG S1, o S2, o S3 e o S4 devem ser diluídos para a pulverização. A proporção é de 1 parte de GEO-REG para 1.000 partes de água. Assim, se necessitamos de 1 litro de GEO-REG S1 para pulverizar uma área, diluímos 1 ml de GEO-REG S1 em 1 litro de água pura. Ou então, se necessitamos de 10 litros, diluímos 10 ml de GEO-REG S1 em 10 litros de água pura.

Para facilitar o cálculo, basta converter litros em mililitros (1 litro = 1.000 ml) e dividir por mil; o resultado é a quantidade de GEO-REG a ser acrescentado à água. (Exemplo: precisamos pulverizar 100 litros; 100 litros correspondem a 100.000 ml; 100.000 ml divididos por mil são 100 ml; portanto, usaremos 100 ml de GEO-REG em 100 litros de água pura.)

Quando precisamos de pequena quantidade de líquido para pulverização, podemos diluir o GEO-REG em um balde, fazer os movimentos em espiral durante 2 ½ minutos, e em seguida colocar o preparado diluído no pulverizador costal. Quando usarmos um trator, basta colocar a quantidade de água necessária dentro do tanque, acrescentar a quantidade correspondente de GEO-REG e agitar levemente o trator por 2 ½ minutos. O mesmo é válido para carros-pipa de volume até 4.000 litros. Neste caso, acrescentamos 4 litros de GEO-REG ao tanque e agitamos levemente o veículo por 2 ½ minutos. O tipo de pulverizador escolhido vai depender do tamanho da área e dos materiais e mão-de-obra disponíveis.

○ Como pulverizar

É importante atentar para o seguinte na hora de uma pulverização:

- Espargir os preparados homogeneamente em toda a área;
- Dirigir a pulverização para cima da área ou das plantas, pois trata-se de impregnar o campo etérico da área, a não ser quando o preparado for o UR-CALDO 0,1%. Nesse caso, dirigi-la para o solo e para as plantas. Isso porque o UR-CALDO 0,1% é um preparado mais substancial;
- Pulverizar durante o nascer e o pôr do sol, momentos em que a conjuntura das energias circulantes pelo corpo etérico do planeta é mais propícia[29];
- Usar o pulverizador costal manual para áreas menores. Nesse caso, a pulverização pode ser feita da seguinte

[29] Vide: Elaboração do UR-CALDO M.

maneira: as pessoas se distribuem uniformemente, uma ao lado da outra, a uma distância média de 3 metros, ou em outra disposição que seja adequada ao formato e dimensão da área. À medida que caminham, movimentam a haste do pulverizador de um lado para outro, na forma de lemniscata;

- Para áreas maiores, usar pulverizadores costais a motor, pulverizadores agrícolas, carros-pipas ou outros equipamentos. Os jatos devem ser bem finos e dirigidos para cima.

Se os espíritos criadores da Natureza acolherem nossa proposta de cooperação, aperfeiçoarão os moldes suprafísicos das sementes germinadas que lhes enviarmos e a eles agregarão os de outros vegetais que tenham afinidade com os que pretendemos cultivar. Assim, quando as sementes germinarem no solo, todo o conjunto de plantas afins plasmado no éter pode emergir. Como são afins, não haverá entre elas nada que possa ser considerado competição, nem plantas daninhas que precisem ser excluídas. Novas relações e novos vegetais poderão surgir na face sagrada da Terra.

5

Nossa interação com os reinos da Natureza e com os reinos paralelos

No Ensinamento espiritual afirma-se que um dia os ventos e as chuvas obedecerão aos ditames do homem. Assinala-se, porém, que isso deve ocorrer em harmonia com as leis do universo e não segundo caprichos emocionais e mentais. A ativa colaboração com os reinos da Natureza e com reinos paralelos — tais como o dévico, o elemental, o angélico e outros — fará parte da vida da humanidade em futuro não muito distante, embora hoje esse assunto ainda esteja muito encoberto por crendices e fantasias.

A interação dos reinos naturais e paralelos com o humano é essencial para o desenvolvimento da Terra, mas só poderá manifestar-se de modo pleno após a purificação da esfera psíquica e material do planeta. A sutilização da consciência humana é uma premissa para isso, bem como a intermediação dos devas entre os homens e os elementais. Os milagres que ainda ocorrerão na atual transição de ciclo não serão mais que uma ínfima parcela do que nos está reservado.

Para que o reino humano se integre com os outros, deve estabelecer refinada sintonia com as leis regentes dos planos em que as formas são plasmadas de matéria sutil. Silêncio interior e profunda veneração pela Vida são aqui fundamentais. Não é viável um verdadeiro trabalho de cooperação com esses reinos para a regeneração do solo se, paralelamente, não se eleva a consciência.

As práticas de adubação orgânica e de regeneração do solo já desenvolvidas por linhas orgânicas e ecológicas que buscam harmonia com as leis naturais podem ser combinadas com o programa de regeneração de solo aqui proposto, pois o complementam. A pulverização com o UR-CALDO 0,1% atua no mesmo plano dessas práticas. Já o GEO-REG S1, o S2, o S3 e o S4 atuam sutilmente e atingem planos mais elevados.

As diferentes fases do programa de regeneração do solo, tanto a mais substancial como as mais sutis, podem desenvolver-se concomitantemente. O GEO-REG cuida não apenas do aspecto material do solo, mas o prepara para receber sementes. Trava uma espécie de diálogo vivo com as hierarquias dévicas construtoras das formas presentes na área onde é aplicado. Nesse diálogo usamos de uma linguagem sutil, simbólica, para transmitir nossa intenção, linguagem que, como já dissemos, tem por código os padrões arquetípicos vegetais contidos nas sementes.

Cada semente guarda em si os padrões da planta adulta, que por sua vez a põem em contato com o plano em que os arquétipos do reino vegetal, provindos de estrelas distantes, projetam-se na atmosfera da Terra. Quando a semente germina, esses padrões latentes despertam e vão-se expressando à medida que a planta se desenvolve.

Ao utilizarmos as sementes germinadas para preparar o GEO-REG, seus padrões arquetípicos transferem-se para ele. O processo de dinamização a que submetemos o preparado libera para o meio líquido os moldes etéricos das plantas em níveis crescentes de sutilização: S1, S2, S3 e S4. O nível S1 corresponde ao padrão vibratório do plano etérico, imediatamente acima do físico; o nível S2 ao padrão vibratório do plano emocional-astral, de onde provêm os sentimentos e as emoções; o nível S3 ao padrão vibratório do plano mental, onde se situam os pensamentos; e o nível S4 a padrões vibratórios que estão acima do mental. Foi com esse amplo e profundo panorama da criação que a seqüência de etapas de pulverização com o GEO-REGENERADOR foi elaborada.

6

Correntes de vida nas plantas

Ao se desenvolverem no mundo concreto, desde a fase de semente até completar o ciclo na flor, as plantas interagem com distintas correntes de vida. À medida que recebem seus impulsos criadores, todo o seu ser responde a eles. Passam a incorporar as partículas e as substâncias materiais e a construir sua forma externa.

A semente toma contato com a primeira dessas correntes — corrente mineral — logo ao germinar e lançar raízes no solo, organismo vivo permeado de forças e energias. A seiva mineral[30] que ascende desse solo vivo penetra as raízes e traz os elementos que permitem a formação do caule, do tronco e de outros tecidos duros da planta. Assim, o tronco de uma árvore é terra metamorfoseada, é essa seiva mineral que se condensa e que deposita ao longo do caule elementos materiais.

Se não existissem outras correntes de vida, as plantas não passariam de simples aglomerados lenhosos esparsos pela

[30] A seiva bruta que ascende pelo xilema.

Natureza. Porém, ao emergirem do solo, penetram a atmosfera, onde nova corrente de energias as envolve. Essa segunda corrente — corrente vital — faz com que o elemento verde surja e se manifeste nas folhas. Constituída de impulsos criadores provenientes de planetas e de outras esferas celestes, ela participa da manifestação da vida em toda a Terra. Por intermédio da luz, do calor e da água presentes na atmosfera, seus impulsos criam a "seiva vital"[31], mais elaborada e viscosa que a primeira. A segunda corrente de vida circunda a planta com uma espiral de energias, cuja dinâmica determina o nascimento em forma de espiral das folhas nos galhos. Ela também se manifesta na película verde que reveste o tronco da árvore adulta.

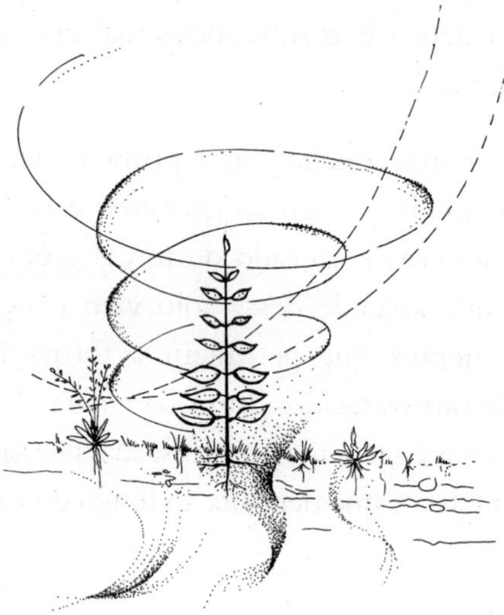

Movimento em forma de espiral das folhas

[31] A seiva elaborada que descende pelo floema.

Impulsionada pela vida presente em todo o nosso sistema solar, a planta desenvolve um calor sutil que, ao circular em sua estrutura interna, forma o câmbio, delicada camada de células logo abaixo da película verde que há em torno do tronco. O câmbio é o elo entre a planta e a terceira corrente de vida — corrente estelar —, que vem de constelações distantes, de onde se originam os padrões arquetípicos do reino vegetal. O trabalho da terceira corrente é o de plasmar resinas e substâncias similares, onde se imprimem esses padrões arquetípicos que, no momento certo, são trasladados para as sementes. Assim, as estrelas, por meio do câmbio, criam um novo ser; assim, a semente se torna apta a gerá-lo.

Reconhecer as três correntes de vida que participam do desenvolvimento das plantas é o primeiro passo para aprendermos a colaborar com elas. A corrente representada pela seiva mineral põe-nos em contato com o solo e com os campos de forças e energias que o permeiam. A colaboração com essa corrente engloba o trabalho de regeneração e reequilíbrio do solo e visa não só a recompô-lo com elementos orgânicos e minerais, mas a estimulá-lo a se deixar impregnar por essa corrente de vida. Aqui se situa parte do trabalho proposto neste livro.

A corrente representada pela seiva vital põe-nos em contato com a atmosfera física e psíquica dentro da qual se plasma a planta. Essa atmosfera é beneficiada se o ser humano cultiva intenções elevadas perante o reino vegetal, ausência de expectativas para com ele e puro serviço à Vida em si. A carga psíquica existente na área em que os vegetais irão crescer interfere em diferentes graus na nossa cooperação com eles.

Outra parte do trabalho de regeneração do solo que propomos situa-se aqui. Chamamos a atenção para o fato de ser a atitude interna de quem o realiza tão importante quanto a aplicação mesma do GEO-REGENERADOR.

A aproximação aos padrões arquetípicos das plantas e às hierarquias criadoras das formas constitui a terceira parte do trabalho, cuja porta de acesso só aos poucos parece entreabrir-se novamente ao ser humano. Essa porta lhe foi fechada, em um passado remoto, pelo mau uso do conhecimento que lhe esteve disponível sobre as realidades desse plano sutil. Novas oportunidades de cooperação com energias e hierarquias que participam da manifestação do plano material podem oferecer-se ainda antes do final do presente ciclo evolutivo. Ao reino humano cabe o reconhecimento de sua verdadeira posição como elo entre o céu e a terra.

7

Alquimia vegetal

Há uma esfera em que os processos vegetais se emancipam das leis puramente físicas e químicas e se abrem para leis cósmicas. A visão da agronomia atual, entretanto, não leva em conta essa outra ordem de relações. Para ela o solo que nutre e sustenta o reino vegetal é apenas um recipiente, a base mineral em que esse reino está apoiado. De acordo com as técnicas da agronomia, ao planejar o plantio de uma semente, fazem-se diferentes análises do solo para avaliar eventuais carências ou excessos de elementos minerais e, em conformidade com isso, realizam-se correções.

A técnica moderna de adubação química desenvolveu inúmeros preparados que introduzem no solo os elementos minerais de que está carente, incrementando assim a produtividade. Mas essa prática unilateral está exaurindo o solo, com a conseqüente perda de qualidade das plantas e alimentos. Traz também como conseqüência o aparecimento de novas pragas e doenças que, por sua vez, induzem à aplicação de pesticidas e herbicidas químicos altamente tóxicos. Cria-se assim um círculo vicioso de crescente decaimento da vida em nosso planeta. Diante desse cenário alarmante, muitas vozes já se elevaram chamando a atenção para esses fatos e apontando saídas. Apresentamos aqui duas delas.

7.1 Pesquisas de F. von Herzeele

Freihern von Herzeele, livre-docente em Hannover, Alemanha, publicou suas pesquisas no final do século XIX em um livro polêmico — A CRIAÇÃO DE SUBSTÂNCIAS INORGÂNICAS[32]. Os resultados, apesar de veementemente rejeitados na época e quase totalmente desconhecidos nos dias de hoje, abriram um campo inédito para a ciência.

Contrariando a lei básica da conservação da matéria, Herzeele fez uma descoberta revolucionária: na planta viva a matéria é continuamente criada. Ele deduziu de suas pesquisas que as plantas são capazes de transformar um elemento químico em outro, realizando assim o que se pode chamar de transmutação biológica.

Em uma primeira etapa, os experimentos mostraram que o conteúdo mineral total — potássio (K), magnésio (Mg), cálcio (Ca), fósforo (P) e enxofre (S) — das sementes pesquisadas crescia durante a germinação em água destilada. As plantas germinadas em água destilada e as sementes dessas plantas deveriam ter o mesmo teor mineral, pela lei da conservação da matéria. No entanto, a análise laboratorial comprovou que no grupo das sementes germinadas ocorria um aumento expressivo do teor global de sais minerais e de cada componente mineral em si.

Em uma segunda etapa, no lugar de água destilada, ele

---

[32] DIE ENTSTEHUNG DER UNORGANISCHEN STOFFE, Berlin (Alemanha), 1876, retirado do livro SUBSTANZLEHRE, de Hauschka, R., Frankfurt am Main, 1950.

usou diferentes soluções nutritivas enriquecidas com sais minerais de teor conhecido. Observou que no grupo das plantas tratadas com soluções enriquecidas com fósforo (P) reduziu-se a concentração de P na solução, isto é, esse P se deslocou da solução e passou para outro ponto. Mas o P das plantas não aumentava, ao passo que o enxofre (S) sim. Daí, Herzeele deduziu que as plantas seriam capazes de transformar P em S.

Da mesma forma, nas plantas cultivadas em soluções nutritivas com teor conhecido de sais de cálcio (Ca), observou que o Ca da solução diminuía, enquanto o das plantas não aumentava. Registrou, porém, um aumento do teor de P naqueles vegetais.

Nas plantas cultivadas em soluções nutritivas com teor conhecido de sais de magnésio (Mg), observou que o Mg da solução decrescia, enquanto o das plantas não aumentava; contudo, crescia nelas o teor de Ca.

E no grupo cultivado em câmaras enriquecidas com teor conhecido de gás carbônico (CO_2), aumentava o teor de Mg das plantas.

Herzeele afirmou ter descoberto em tais experiências uma primeira *linhagem de criação mineral*:

$$CO_2 \Rightarrow Mg \Rightarrow Ca \Rightarrow P \Rightarrow S$$

Em nova série de experiências descobriu uma segunda linhagem de criação mineral:

$$N \Rightarrow K$$

Segundo o pesquisador, essa recriação de matéria elementar no mundo orgânico é fato trivial para os vegetais. Herzeele afirmou, de modo categórico, que criação de substância morta é impossível: "O elemento vivo pode morrer, mas o elemento morto nunca pode ser criado". E concluiu: "Não é o solo que cria a planta; a planta é que cria o solo." O solo é vivo, e entre planta e solo existe uma interação dinâmica, criadora, inteligente e infinitamente misteriosa!

7.2 Pesquisas de R. Hauschka

Aproximadamente 50 anos após a publicação do trabalho de Herzeele, outro pesquisador, Rudolf Hauschka, tomou contato com ele e reconheceu o seu valor. Reproduziu em laboratório as mesmas experiências, confirmando e ampliando os resultados descritos.

Em suas pesquisas, usou frascos hermeticamente lacrados (mais tarde ampolas fechadas) e uma balança analítica. Sobre um dos pratos colocou um frasco com água e sementes para germinar, e sobre o outro, um contrapeso inerte. Cada ciclo de germinação durou 14 dias. Em alguns ciclos, Hauschka observou que o braço da balança pendia lentamente para o lado em que estava o frasco com as sementes germinadas, indicando que dentro dele ocorria um aumento de peso. Em outros ciclos, observou o contrário: o braço da balança pendia para o lado do contrapeso. O aumento e o decréscimo do peso total, controlados rigorosamente, foram para ele sinais evidentes de que dentro do frasco com sementes ocorriam processos de materialização e desmaterialização, já que ambos os frascos estavam hermeticamente lacrados e não permitiam a entrada nem a saída de nenhuma partícula (umidade, evaporação, ar etc.). Ele pôde observar ainda que a oscilação dos pesos era regular e conforme certas conjunturas astronômicas: o aumento de peso ocorria no plenilúnio e seu decréscimo no novilúnio. Além disso, constatou que o ritmo solar prevalecia sobre o lunar, pois o peso permanecia estacionário em todas as fases da lua no período de verão.

Hauschka confirmou assim os resultados obtidos por Herzeele: as plantas têm capacidade de criar e transmutar elementos. Também constatou que são capazes não só de materializar substâncias a partir de uma esfera imaterial, mas também de desmaterializá-las![33]

Além dos fenômenos estudados por Herzeele e Hauschka há muitos outros aparentemente triviais, mas na realidade misteriosos e belos, ocorrendo todos os dias no reino vegetal. Um deles é o processo da fotossíntese, que nos fala da habilidade da planta em materializar elementos imponderáveis. Por meio da clorofila, a planta assimila continuamente a luz solar. A união da luz com o gás carbônico e água leva à síntese e materialização do amido, base para a manifestação da vida no planeta!

Outro exemplo é o fenômeno da fixação do nitrogênio (N). Ocorre nas raízes de certas leguminosas, que são por isso utilizadas comumente como adubo verde. Por meio de bac-

---

[33] Hauschka, R: SUBSTANZLEHRE, Vittorio Klostermann GmbH, Frankfurt am Main, 1950, página 19.

térias fixadoras de N, o N atmosférico, gasoso, passa para um estado mais denso, tornando-se assim disponível como substância sólida.

Como se vê, há ainda muito o que aprender com a observação dos reinos da Natureza e com a interação consciente com eles. Esses fenômenos podem levar-nos a perceber as leis ditas materiais de uma nova perspectiva.

Epílogo

A Hierarquia espiritual projeta a Vida a ser criada. Num bailado cósmico e sublime, os devas tecem a estrutura sutil que lhe dará forma. Ao sinal do desabrochar dessa Vida, as forças da Natureza elevam-se. Os seres elementais — da terra, da água, do ar, do fogo e dos éteres — preenchem com suas substâncias a estrutura, compondo os corpos onde Ela se manifestará. Esse milagre da criação responde a impulsos que ressoam até os confins do cosmos.

Segundo o Ensinamento espiritual, muitos segredos da criação e das leis do universo — da química, da física e da botânica —, hoje ocultos, serão revelados a partir do nosso contato com os devas e com os seres elementais. Mas não será pelo desejo que o homem chegará a conhecer esses seres; o relacionamento com eles se dará por meio de uma vida entregue ao Supremo Ser e pela irrestrita obediência à lei do amor, compreendida em seu sentido supra-humano.

O relacionamento consciente do homem com os devas é fundamental para a realização do Plano Evolutivo, mas para contatá-los é necessário pureza. Esse contato, que agora já se esboça, se efetivará de maneira ampla apenas em um próximo ciclo, quando o planeta estiver mais sutil e livre de grande parte das forças involutivas ainda presentes nos seus níveis psíquicos.

Contudo, energias de núcleos internos da Terra, núcleos

suprafísicos, já se aproximam da superfície. Começam a refletir-se na existência do homem e podem levá-lo a descobrir muitas coisas e a reconhecer os poderes inerentes ao corpo material do planeta.

Um desses núcleos planetários trabalha com o reino mineral por intermédio de grandes devas que mantêm contato com pontos do cosmos longínquos, extra-sistêmicos, pontos em que a Vida regente dos minerais tem sua essência. Na realidade, o reino mineral de um planeta é apenas prolongamento dessa Vida maior, que controla toda a expressão mineral nos universos. Essa Vida é a guardiã do arquétipo fundamental desse reino, arquétipo emanado nos primórdios da Criação.

O reino mineral está especialmente vinculado à linha evolutiva dos devas e dos elementais. Em cada uma de suas partículas está presente, de forma materializada, a força do espírito imanifestado, que se expressa nelas e no átomo como energia de coesão. Uma vez que a humanidade esteja purificada em maior grau, a ilusão que hoje existe em torno dos metais, dos cristais e das pedras preciosas poderá dissolver-se. Então, um trabalho efetivo com os minerais em bases científicas — no sentido elevado desse termo — se estabelecerá.

Também, muitas manifestações do reino vegetal e do reino animal, que no passado não puderam materializar-se em conseqüência da vibração grosseira engendrada no nível psíquico do planeta, encontrarão no futuro possibilidades de desenvolvimento. A comunicação entre o homem, os devas, os minerais, os vegetais e os animais será aprofundada, e a atividade agrícola desta civilização, que hoje ainda tem como fim o próprio homem, será substituída por um trabalho criativo, fruto da colaboração entre todos os reinos.

Para penetrar os mundos espirituais é preciso flexibilidade, desapego e entrega. A mente, por sua própria constituição, reluta em reconhecer os opostos como expressão de uma mesma realidade; por isso, aferra-se a apenas um dos seus aspectos e perde a visão do todo. Mas espírito e matéria nada mais são que faces de uma única realidade. Chegará o tempo de, na Terra, essas faces se fundirem. Não mais a magia negra e a senda da luz como trilhas opostas se apresentarão ao homem, mas um só caminho se fará notar: o do reinado do espírito sobre a matéria purificada.

Poucos reconhecem os poderes inerentes ao corpo material da Terra. Tais poderes permanecem ocultos até que se esteja pronto a aplicá-los no serviço altruísta. São revelados a todos os que buscam colaborar na tarefa de redenção e regeneração planetárias.

Índice remissivo

A

abelhas 38
    colméia 39
    favos 38
    interligação entre reinos 39
    mel, própolis e geléia real 38
    pólen, néctar e seiva 38
ácido fórmico 39
    consciência astral 40
    matéria orgânica 39
    natural 45
    no ser humano 39
    partículas inorgânicas 39
    terra de formigueiros 40, 45
adubação 72
    adubos químicos 9
    adubo verde 83
    linhas orgânicas e ecológicas 72
    orgânica 72
    química 79
agronomia atual 79
águas minerais 29
    sulfurosas curativas 33
alimentos 11
    solo sadio 11
alquimia vegetal 79
alquimistas e ocultistas 21, 28
amanhecer 47, 51, 61, 68
    constelação de Peixes 47
amor e entrega 85
áreas de cultivo 34
    campo etérico da área 68
    manto sutilizador 34
    plantas catalisadoras 34
arquétipos 11
    do reino mineral 86
    vegetais 34, 67
árvore (tronco) 75
atividade agrícola criativa 86
atmosfera primordial da Terra 21
    clareamento 21, 27
    desintegração da proteína primordial 36
    elemento silício 23
    elementos minerais 29
    impulsos solares 23
    precipitação de silício 24
    protéica 24
atmosfera terrestre atual 35, 36
átomo (energia de coesão) 86

B

bactérias anaeróbicas 47
barbatimão (*Stryphnodendron barbatiman*) 36, 45
    tanino 36

C

câmbio 77
cavalinha (*Equisetum pyramidale*) 32, 45
    forças vitais 33
    planta verde 32
cipó-de-fogo (*Pyrostegia venusta*) 35, 45
clima 9, 35
constelação de Peixes 47
    elevação da consciência 48
    luz da matéria 48
    serviço 48
constelação de Virgem 48
    fecundidade da matéria 48
    propósito da existência 48
    realidades suprafísicas 48

corpo(s) do ser humano 11, 21
astral-emocional 16, 21
etérico 16
físico 16, 21
mental 21
corrente estelar 77
calor sutil 77
câmbio 77
hierarquias criadoras 78
padrões arquetípicos vegetais 77, 78
resinas e sementes 77
corrente mineral 75
caule, tronco e galhos 75
contato com o solo 77
forças e energias do solo vivo 75
regeneração do solo 77
seiva mineral 75
correntes cósmicas criadoras 33
correntes de forças 21
metálicas cósmicas 21
metálicas telúricas 21
corrente(s) de vida nas plantas 75
estelar 77
mineral 75
vital 76
corrente vital 76
atitude interna 78
atmosfera psíquica 77
espiral de energias das plantas 76
impulsos criadores planetários 76
película verde do tronco 76
seiva vital 76
serviço à Vida 77
cristais, metais e pedras preciosas 86
cristal-de-rocha 25
crosta terrestre 24
continentes e mares 24
mineralização 24
placas tectônicas 24
psíquica 35

D

desequilíbrio ecológico 9
devas 85
dinamização 73
moldes etéricos das plantas 73
níveis de sutilização 73
padrões vibratórios 73

E

elemento ar 16
condensação 16
elemento fluido viscoso 22
elemento líquido 16
elementos imponderáveis 35
fogo-calor 16
luz-ar 16
luz-calor 35
som 16
elementos minerais 77, 79
elementos orgânicos 77
elementos químicos 29
cálcio 80
sais de cálcio 81
chumbo 20, 44
cobre 20, 44
enxofre 22, 30, 36, 45, 80
estanho 20, 44
ferro 20, 44
fósforo 80
sais de fósforo 81
hidrogênio 36
magnésio 30, 80
sais de magnésio 81
mercúrio 19, 29, 44
nitrogênio 36, 83

ouro 20, 44
oxigênio 36
potássio 80
prata 19, 44
silício 22, 23, 27, 38, 44, 50
emancipação dos processos vegetais 79
energias criadoras 65
espíritos criadores das formas 65
entardecer 47, 51, 61, 68
constelação de Virgem 48
Equisetum 32
Equisetum pyramidale (cavalinha) 32, 45
silício e substâncias alcalino-sulfurosas 32
ervas daninhas 9
espírito e matéria 87
estações do ano 24, 35, 48
éter 69

F

fases vegetais 52
germinação, crescimento vegetativo, floração e frutificação 52
feldspato 27, 44, 50
Formica sp 45
formigas 39
ácido fórmico 39
economia da natureza 39
graúdas e pretas 40
saúvas 40
fotossíntese 83
amido 83
clorofila 83
gás carbônico 83

G

gás carbônico 36, 81
GEO-REGENERADOR
aspecto material do solo 72
ciclos lunares 67
como pulverizar 68
diluições para pulverizações 67
etapas de pulverização 67
éter planetário 63
hierarquias dévicas criadoras 63, 72
modelos suprafísicos das plantas 63
programa de regeneração 11
sementes germinadas 73
síntese das etapas 65
GEO-REGENERADOR S0 55
elaboração 52
GEO-REGENERADOR S1 57
procedimento para elaboração 56
GEO-REGENERADOR S1, S2 e S3 56
atuação sutil 72
elaboração 56
GEO-REGENERADOR S2 58
elaboração 58
GEO-REGENERADOR S3 59
elaboração 59
GEO-REGENERADOR S4 61, 63
arquétipos do reino vegetal 63
elaboração 60
planta matriz 60
Glycine max (soja) 37, 45
granito 27, 44, 50
força de coesão, sustentação e estabilização 27

H

Hauschka, Rudolf (pesquisas) 82
processos de materialização e desmaterialização 83
ritmo solar e ritmo lunar 83
sementes germinadas 82

transmutação biológica 83
herbicidas e pesticidas 9, 79
Herzeele, Freihern von
(pesquisas) 80
lei da conservação da
matéria 80
transmutação biológica 80
húmus 39

I

impulso feldspato 25
dinâmica em lemniscata 25
função de coesão, integração
e aglutinação 26
tecido da matéria 26
impulso mica 25
dinâmica horizontal 25
espelhos da idéia criadora 25
função de irradiação 25
impulsos animais 38
Apis (*Apis mellifera*) 38
Formica (*Formica sp*) 39
impulso silício 25
antena do reino mineral 25
arquétipos do reino
mineral 25
dinâmica vertical 25
impulsos planetário-metálicos 20
plantas primordiais 21
impulso(s) plasmadores da
matéria 25
feldspato 25
mica 25
silício 25
interação entre reinos 71
purificação da Terra 71
sutilização da consciência
humana 71
veneração pela Vida 72

J

Júpiter e estanho 20

L

laboratório (montagem) 53
leguminosas 83
bactérias fixadoras
de nitrogênio 83
fixação de nitrogênio 83
leis cósmicas 79
leis materiais 84
da química, física e
botânica 85
do universo 85
naturais 79
leite de soja 45, 50
licopódio (*Lycopodium cernuum*) 33,
45
carvão mineral 33
elementos superiores
vegetais 33
impulso à verticalização 33
linhagem de criação mineral 81
Lua 64
cheia (plenilúnio) 63, 65
crescente 65
minguante 64
nova (novilúnio) 64
Lua e prata 20
Lycopodium cernuum (licopódio) 33,
45

M

Marte e ferro 20
matéria 87
estado vital primordial 37
fluida 22
impulsos criadores 19, 21
impulsos organizadores 27, 28
impulsos plasmadores 22, 25

memória ancestral 10
organização da 28
sutil 72
vida na 19
matéria terrestre 33
condensação atual 17
etapas de condensação 16, 17
materialização e desmaterialização 65, 83
meio ambiente 9
degradação 12
mente humana 87
fogo ardente 16
ponte entre planos de consciência 17
Mercúrio (planeta e metal) 20
mercúrio (processo) 28
metabolismo vegetal 51
metais dinamizados 44
Argentum met. 44
Aurum met. 44
Cuprum met. 44
Ferrum met. 44
Mercurius met. 44
Plumbum met. 44
Stannum met. 44
mica 27, 44, 50
milagres 71
da criação 85
minerais e rochas 29, 44, 86
Morya, Mundo Ardente 41

N

Natureza
espíritos criadores 69

O

ocara 37, 45, 46, 49, 50, 51
oceanos e mares 32
elementos e sais minerais, oligoelementos 29
elementos majoritários e minoritários 30
mares primordiais 29, 30
vida nos mares 27

P

planeta Terra 85
forças involutivas 85
interação cósmica 35
níveis psíquicos 85
núcleos internos 85
núcleos suprafísicos 85
poderes inerentes ao corpo material 86
planetas 15, 17
e metais 20
esferas planetárias 20
metais e ser humano 21
Plano Evolutivo 85
planta
matriz 61
nutriz 36
pioneira 33
plantas catalisadoras 34, 36
barbatimão 36
cipó-de-fogo 35
vernônia 34
plantas daninhas 69
plantas mensageiras 31
eqüissetos 32
filicíneas 32
licopódios 32
plantas modernas 32
plantas primordiais 36
anfibólios e piroxênios 24
fases de desenvolvimento 24
feldspato 24
mica 24
silício 25
pragas e doenças vegetais 9, 48, 79

precipitação mineral primordial 21, 24, 27
anfibólios 25
feldspato 24
mica 24
piroxênios 25
plantas primordiais 25, 27
silício 25
processo mercúrio 28
processo sal 28
processo súlfur 28
programa de regeneração do solo 10, 48, 51, 54, 63
fases substancial e sutil 72
linhas orgânicas e ecológicas 72
proteína primordial 36
leite materno e vegetais diversos 36-37
Pteridium aquilinum (samambaia-das-taperas) 33, 45
Pteridium, gênero 33
Pteridófitos, classe Filicíneas 33
avencas 34
fetos arborescentes 34
samambaias 34
pulverização 52
padrões arquetípicos vegetais 64
plantas doentes 49
UR-CALDO 0,1% 52, 72
pulverizadores 52, 68, 69
pureza de atitude 11, 85
Pyrostegia venusta (cipó-de-fogo) 35, 45

R

redenção e regeneração da Terra 87
regeneração do solo 9
contexto planetário 15
elevação da consciência 72
GEO-REGENERADOR S0 52
impulsos minerais 19
linhas orgânicas e ecológicas 72
soja 37
vernônia (assa-peixe) 34, 35
reino humano 21, 23
abelhas 38
interação entre reinos 9, 71, 87
tarefas 17
reinos naturais 9, 19, 21, 32, 37, 38, 40, 72, 84
animal 9, 17, 19, 21, 23, 32, 86
mineral 9, 16, 19, 21, 22, 25, 27, 29, 36, 86
mineral-vegetal 32
vegetal 9, 15, 19, 21, 22, 23, 32, 86
agronomia atual 79
alquimia vegetal 83
corpo etérico 16
couraças psíquicas 34
padrões arquetípicos 35
potencial criador 11
vegetal-animal 32
reinos paralelos 71
angélico 71
dévico 11, 71, 86
elemental 11, 71, 86
ritmos lunares e solares 52

S

sais minerais 38, 80
sal amargo (vide sulfato de magnésio) 30
sal (processo) 28
samambaia-das-taperas (*Pteridium aquilinum*) 33, 45
Saturno e chumbo 20
sementes 54, 75, 79, 80
GEO-REG 72

padrões arquetípicos
vegetais 72
sementes germinadas 69
seres elementais 85
da água 85
da terra 85
do ar 85
do fogo 85
dos éteres 85
sete metais 19, 21
sete Raios 20
silício-luz 23
plantas primordiais 23
sistema solar 20, 23
e Terra 15
soja (*Glycine max*) 37, 45, 50
Sol 35, 64
sede da consciência
regente 15
Terra e Lua 23
Sol e ouro 20
solo 9, 54
adubação química 79
agronomia atual 79
cipó-de-fogo 35
impulsos minerais 19
impulsos regeneradores 48
interação com as planta 82
perda da vitalidade original 12
plantas catalisadoras 36
potencial criador
primordial 11
reposição de substâncias
materiais 11
samambaia-das-taperas 33
solos desgastados 11, 33
trabalho criativo 9
umidade 35
UR-CALDO 0,1% 52, 68
Stryphnodendron barbatiman
(barbatimão) 36, 45
substância protéica leitosa 22
sulfato de magnésio 30
súlfur (processo) 28
Supranatureza 12

T

Tabela Periódica dos Elementos 29
técnicas modernas de plantio 9
Terra, corpo etérico 68
face sagrada 69
fase de transição 11
Terra, evolução cósmica 15
ciclos evolutivos 15
condensação mineral 27
criação e constituição
material 19
diferenciação do sistema
solar 17
esqueleto mineral 27, 29
fase evolutiva atual 22
primeiros acordes da vida
15,16
resfriamento das capas
externas 24

U

Ur 41
UR-CALDO
ácido fórmico natural 40
componentes animais 38
componentes minerais 19
componentes vegetais 31
composição básica 19
estado vital primordial 30
GEO-REGENERADOR 45
leite de soja e ocara 37
meio vital primordial 10
mel de abelhas 39
micronutrientes, em estado
coloidal 31
programa de regeneração 11

UR-CALDO 0,1% 43, 49, 52, 64, 65, 68
componentes 50
elaboração 49, 50, 51
formas de uso 51
GEO-REG S4 55
GEO-REGENERADOR 54
UR-CALDO Matriz 43
ciclo de lunação 47
componentes 44
dinamização 47
doenças ou pragas 48
elaboração 43

V

vegetais 69
Vênus e cobre 20
vernônia (*Vernonia polyanthes*) 34, 45
sintonia com forças cósmicas 35
UR-CALDO 37
vitalidade e pioneirismo 35
Vernonia polyanthes (vernônia) 34, 45
vida 29, 85
elementos acolhedores e sustentadores 29
cósmica 17
vegetal 35